南 瑤子

こんな夫婦にならなくちゃ

文芸社

まえがき

こんな夫婦にならなくちゃ

今日、突然、あなたの夫や妻が消えてしまったら、あなたは何て思うでしょう。子供をどうしたらいいのか。家のローンをどうしたらいいのか。この先どうやって生活していったらいいのか。様々な思いがあなたの頭をよぎるでしょう。でもそんな現実的な不安を感じる前に、単純に――〝あなた〟がいなくてさみしい――と感じるでしょうか。夫や妻がいなくなってから、その精神的なつながりに気づくのでは遅すぎる。夫や妻がいなくなってから後悔したって、始まらない。気づいていない時間が無駄になってしまう。結婚という社会的な形式にはこだわらないけれど、自分で選んだ相手と一緒にいることにしたのだから、ハッピーに暮さなければ人生を台無しにしてしまうことになる。

近年、日本では不景気が長引く中で、職場への忠誠心がどんどん失われてきている。そんなときに見直すのが、家族の存在とそのかかわり方。一番近くにいたからこそ、今までないがしろにしてきた妻や夫、そして家族。気づくと、夫や妻が、ただの共同生活者にすぎなくなってしまっていたりして。日本の雇用制度の形態と文化などが手伝って作り出された、会社に対するとてつもなく強い忠誠心。その結果、結婚した妻と夫のあり方が歪んでしまっている。夫は会社の奴隷となり、妻は目差す学校に子供を入学させるためにすべてをささげ、社会への貢献よりも家庭を守るという役回りを担う。そんな中で、何かが壊れると、どうやってもつなぎ合わせることができなくなってしまう。どちらかが大きな病気にかかったり、夫が職を失ったり、子供が登校拒否に陥ったり、ぐれてしまったり。そんな役割分担以外に、夫婦としての心のつながりがないために、期待する役割を果たせなくなったと認識すると、相手がただの役立たずに思えてくる。そんなの本当の夫婦じゃない。

二〇〇一年、九月十一日。ニューヨークで同時多発テロが起こった。崩れ落ちた世界貿易センターの周辺を家族連れ、子供、多くの人たちが、毎日毎日、行方不明になっている夫や妻、子供、兄弟姉妹、友人を捜し求めて歩きまわった。病院の中を、崩れたビルの合間を、握り締めた写真を通りすがる人たちに見せながら、行方不明者リストの掲示板に新たな写真を貼り付け、メッセージボードに愛する人へのメモを綴り、捜しまわる。そんな姿が毎日のようにテレビから流れた。

このテロが、家族というつながりを改めて見直す機会をつくることになった。こんな悲惨な出来事は、もう二度と起こってはいけないことだけれど、これから起こらないという保証はどこにもない。そんなことが起こってからでは遅すぎる。

いずれ誰もが年をとって死んでいく。それが寿命だ。そんなとき、あなたは長年連れ添った夫や妻の枕もとで、あなたと一緒にいて本当によかったと、今、命がつきようとしている相手に伝えることができますか。

恋愛をして、心が燃え、結婚を意識した時期の気持ちをおぼえていますか。二人でいるのが楽しくて、彼の手がやさしく肩を抱くのがうれしくて。あのとき、私は若かったからなんて、そんな。結婚をしてからだって、同じように、お互いにときめきあって暮すことができる。

あなたが愛して結婚した夫や妻と、一生ハッピーに暮していきたい人。今までの結婚のスタイルを見直して、夫を妻を、これからずっと愛していくために、また、ずっと愛されていくために、この本を読んでほしい。

こんな夫婦にならなくちゃ◎目次

恋愛中からオープンで

誰でも相手からステキに見られたいと思うのは自然なこと。ましてや、それが自分の気に入った人ならばなおさらのこと。でも、そればっかり考えていると、相手の前で創り上げた自分をキープすることに精力を費やすばかりで疲れ果ててしまう。それでも相手のことが好きだから、がんばってしまうのだけれど。ふと気づくと、自分の姿が、まったく違った形で相手の中にイメージされてしまうということに。さて、そのイメージを保って恋愛を続けていくなり、結婚をしようものなら、やがてはがれるめっきのように、出てきた中身に相手が失望してしまうのが当然といえば当然の成り行き。飾りたてたイメージをお互いに好きになったところで、それは本来のあなたや相手を好きになったってことじゃない。

誰かさんみたいに綺麗な顔をしていなくたって、モデルのように出るところが出て、引っ込むところが引っ込んでいなくたって、標準体重よりもちょっとばかり重くたって、お腹が多少出ていたって、チャーミングなウインクができなくたって、そんなことどうでもいい。結局、好きになってしまえば、そんなあなたを〝まるごと〟受け入れるのだから。低すぎる鼻が中央に座るあなたの顔も、小さすぎると思うあなたの胸も、どうしても改善できない、いびつな爪も、それをみんなあなたの一部として、相手が愛してくれるようになればいいだけのこと。本当のあなたを好きになってもらえなければ、そんな愛、長持ちしない。早いうちに壊れてしまうのがおち。そんな恋愛だったら、むしろ早く壊れてしまった方がいい。

彼や彼女とつきあいはじめて、二、三ヶ月したら、怖いかもしれないけれど、少しずつ本音を出してみよう。そのぐらい経てば、あなたがこの先ずっとその相手とつきあっていきたいかどうか選択をするとき。相手だって同じ。そんなときだから、本当の自分を見てもらおう。あなただって本当の相手を見て、その先の恋愛や結婚を考慮したいと思うでしょう？

髪の毛が思うようにブローできなくて、いつものような完璧なヘアースタイルができなくても、それを笑って相手に話せるぐらいがいい。疲れているなら、疲れていると言おう。無理をして、そんな自分を隠そうとすればするほど、もっと疲れてしまう。話せば、相手だってわかってくれる。自分の心を開けば、相手だって気がねなく心を開きやすい。お腹がすいたら、何か食べようと言えばいい。相手が見たい映画が自分の好みでなかったら、素直にそう言えばいい。あなたの選んだ映画は嫌いだから、私の好きな映画を見たいと、ただ単に押しまくるのではなくて、二人が同じように興味をもてる映画を一緒に選んでみよう。でも時にはあなたが興味をもてなくても、相手を知る意味で、あえて相手の選んだ映画を見に行くなんてこともできるけど。それから、自分の好きなこと、興味のあることを相手にしっかりと伝えよう。演劇を見に行くとか、クラシックコンサートに誘うとか、ピクニックに出かけるとか。自分の興味のあることを相手に知ってもらうって、自分をわかってもらうためにとってても大切なこと。

恋愛や結婚は、一方通行でもなければ片側通行でもない。お互いに相手を理解し、理解されて成り立つ関係。もし相手が自分の嫌いなところをもっていたら、それが修正可能なものなのか、それとも嫌いという自分の気持ちを変えることができるものなのかを見定めよう。お互いに心をオープンにしてつきあってみて、一緒にいることがピュアな意味で楽しくなってしまう相手を見つけよう。

彩と俊彦の場合1

「エッ」と叫んだ途端に、彩はドシンと尻もちをついた。

ここはスケート場。これが川上俊彦との十回目のデートになる。井上彩は外資系証券会社のマーケティング部で働いている。俊彦は同じ会社の会計部で働いている。会社の職員が利用する同ビル内のカフェで、彩がランチを済ませ、一人で本を広げていたところに、何の本を読んでいるのかとたまたま俊彦が声をかけたのがきっかけで話をするようになった。彩はアメリカ西海岸というガイドブックを見せて、近いうちに

旅行に行くのだと答え、そこから旅行の話に花が咲いたのが、数ヶ月前のことだ。

「おいおい、大丈夫か」俊彦は正面に回って、氷の上に座り込んでいる彩を引っ張り起こす。俊彦の足元は安定している。彼がスケートを始めたのは中学校のときだから、スケート歴は長い。

彩はバランスを崩して不安定になりながらも、何とか俊彦の手を支えに起き上がる。彼女の黒いハーフコートの裾に、氷の白い粒が転んだ跡になってついている。

「痛〜い。これで転ぶの何度目かしら。お尻に青あざできてると思うわ。絶対」彩はコートについた霜のような氷の粒を、分厚い手袋をはめた手で払い落とす。

「さっきのは、特別大きな尻もちだったぞ。氷にヒビでも入ってるんじゃないか」俊彦は氷の様子を調べるために、彩が転んだあたりを見回す。

「失礼ねえ。氷の心配をするより、私の心配をしてよ。尾テイ骨折れちゃったんじゃないかしら。今、思いっきりお尻を打ったから」彩は右手でお尻をなでながら、顔をしかめて俊彦に言う。

「おいおい、色気のない話だなあ。もうちょっとお嬢さんらしく話せないのか。何が尾テイ骨だよ」

「だって、痛いものは痛いのよ。この尾テイ骨。大丈夫かしら。ほらこの辺を押さえると痛いんだけど」彩はコートをめくって俊彦にお尻を向ける。

「そんなに痛いのか。さっきから何度も転んでるからなあ。ちょっと休憩する?」俊彦は彩を、やったことがないというスケートに誘ったことに、少し責任を感じてしまう。

彩と俊彦はスケートリンクから上がって、スケート場を眺めるように並んでいる椅子に隣同士に腰掛ける。

「やっぱり痛いわねえ」彩は、かばうようにお尻を斜めから椅子に置いて、ゆっくりと体を垂直に立てるようにした。こうするとお尻へのショックが少なくて済む。

「そんなに痛いのか。心配になってきたよ」俊彦は隣に座る彩のほうに、体をねじるようにして言う。

「大丈夫。もう少しこうしてたら楽になると思うけど。ごめんなさいね。私、スケートがこんなに下手くそだとは思わなかったわ」まったく信じられないとばかりに、頭を横に振ってみせる。

「まあ、彩、やったことないんだから仕方がないさ。僕も初めてスケートをしたときは、転んでばかりで、次の日、体中が痛かったのを覚えてるよ。彩だけが下手くそって言うわけでもないさ」俊彦は正面に見えるスケートリンクで、たくさんの人たちが同じ方向に滑っていくのを目で追う。

「でも、私、運動神経にはちょっと自信があったんだけど。何か自信なくしちゃったわ。あれだけ俊彦が丁寧に教えてくれてるのに、うまく滑れないんだから」彩は体重がお尻にかかりすぎないように、ときどき片手を支えにして体を斜めに傾ける。

「彩はまだ怖さが先にたってるから、どうしてもお尻が後ろに落ちちゃうんだよ。スキーでも同じだけど、スピードが出すぎて怖くなったりすると、自然にお尻が後ろに突き出てしまうんだ。そうするとバランスがくずれるから、後ろが重くなってお尻から転ぶことになる。怖がるなって言っても、そう簡単にはできないんだけど。慣れれば、怖くなくなってお尻を突き出さなくてもいいようになるよ。ほら、あの人、黒いコートにグレイのマフラーをして、黄色い手袋をしてるあの女性を見てごらん。お尻が突き出してるけど、あれじゃあ、バランスが悪いだろう？」俊彦が、多くのスケーターに混じって滑っているひとりの女性を指差す。彼女の滑りはぎこちない。

「ああ、あの人？」彩はそれらしき女性をスケーターの中に見つけて、そう言うが早いか、女性は尻もちをついて転んだ。

「ほらね。彩もあんな風になってるんだ。だから転んでしまう。転びたくなかったら、お尻を突き出さないようにしないと」俊彦はスケーターから彩に視線を移して言う。

「そう言われてもねえ。怖いから、ついつい後ずさりする感じになっちゃって」彩は転んで氷の上に座り込んでいる女性を見つめる。

転んだ女性に連れ添っている別の女性が助け起こそうとするが、転んだほうの女性の体格が大きいだけに、バランスを失って二人で転ぶことになる。二人ともスケートの初心者のようだ。

「まあ、そうだよな。理論では簡単に言えるけど、実際にやるのは大変だから。今日はもうこのぐらいにしとくか？」俊彦は時計をチラリと見てから彩に聞く。スケートを始めて一時間半ほど経っている。

「うん、そうねえ。今日は、スケートはこれで十分って感じ」彩はスケートリンクから目を離して、隣の俊彦の方を向く。

「ＯＫ。じゃあ、これから何をしたい？　映画でも見に行く？」俊彦が聞く。

「映画ねえ。映画もいいけど、お腹が空いちゃった。俊彦はどう？　運動の後は、何かお腹に入れなくちゃ」彩はコートの上からお腹に軽く手を置く。

「おいおい、まだ、四時過ぎだよ。夕食には早すぎるんじゃないか。それに運動したっていったって、彩の場合、ほとんど氷の上に座ってたようなもんじゃないか」俊彦はニヤニヤしながら言う。

「あら、それは失礼な言い方ねえ。座ったり立ったりの繰り返しって、結構いい運動になるものよ。知らなかったでしょ」彩は笑って、横目で俊彦を見る。

「でも、夕食にはちょっと早いよ。僕、お腹そんなに空いてないし」俊彦はもう一度腕時計に目をやる。

「じゃあ、ちょっとカフェにでも行かない？　そこで何かちょっと食べるから。俊彦はコーヒーでも飲んでて」

「はいはい。彩はいつだって食べることばっかり考えてるからな。でもあんまり食べると、体重が増えて尾テイ骨に余分な負担がかかるぞ」俊彦が彩をからかう。

「ふん。何が色気がないよ。俊彦の方こそ。尾テイ骨、尾テイ骨って。そんな言葉、男性がステキな女性に言うようなことじゃないでしょう」彩がやり返す。

「ステキな女性にならら言わないけど、彩になら言えるよ」俊彦もやり返す。

「フン。それって失礼じゃない？　こんなことばっかり話してると、お腹がもっと空くわ。早く行きましょう」彩は立ち上がって、俊彦をロッカールームに促す。

俊彦は立ち上がって、笑った顔を隠すようにして、下を向いて彩を追う。


スケート場を出てから、彩と俊彦は来週末、またスケートをする約束をした。彩は何としても俊彦と一緒に並んで、スイスイと滑ることができるようになりたいと思っていた。しばらくはお尻のアザが取れないかもしれない。

美智子と啓介の場合1

「今週末、タイレストランに行かないか。青山にあるんだけど。友達から聞いたんだけど、なかなかかわいい店で、本場のタイ風で料理も美味しいんだって」啓介が電話口で早口に話す。

「タイ料理。うん、いいわね。私、タイ料理って大好き。行きたいわ」美智子は微笑んで即座に答える。

大西啓介とは、友達を通して知り合った。美智子の大学時代の親友が開いた合コンに参加したときに会って、意気投合したのが最初の出会い。啓介は、彼女の親友が働く中規模のコンピュータ関連会社の広報企画課で働いている。美智子はとある都市銀行で、窓口業務を担当している。

二人が知り合ってからもう二ヶ月が経とうとしている。だいたい週末は、金曜日の夜か土曜日の昼過ぎに会って、一緒に映画を観たり、何かの催しものに行ったり、レストランで食事をしたりした。広報企画課という仕事柄か、啓介は都内で行われるいろいろなイベントの情報を知り尽くしていて、面白い何かを探し出しては毎週末、美智子をそのイベントに連れて行ってくれた。レストランにしても、洋風、和風、国籍を問わず、どこからか情報を取り寄せて、毎週違う店に連れて行ってくれた。

〝タイ料理って大好き〟なんて言っておきながら、実は、ほとんど食べたことがなかった。どこだったか忘れたが、一度、友達と一緒にタイフェスティバルと称したホテルのイベントに参加して、ビュッフェスタイルの料理を若干つまんだのが最初で最後。スパイシー過ぎて、美智子には特別美味しかったという印象がなかった。カレー以外は何を食べたのかも思い出せないほどだ。だからタイ料理が好きだなんて言ったのは、はっきり言ってうそ。美味しいタイレストランに行こうと意気込んで言う啓介を、ただ単にがっかりさせたくないから、〝行きたい〟と言っただけのことだった。美智子は、辛いものはちょっと苦手。でも、まあなんとかなるだろうと考えたのだ。

火曜日の夜に電話があってから週末のデートまでに、美智子はジャケットとスカーフを新調した。デートのとき、啓介がほとんどの支払いをしてくれるので、彼女は自分の衣服や靴、化粧品、髪型だけにお金を使えばよかった。

木曜日の夜、レモンを二、三個浮かべたバスタブに長めにつかり、その間中パックをした顔を天井に向けて、先週末のデートを回想する。デート前日の習慣だ。お風呂のあとは、爪の手入れを丹念にして、明日身につけようと決めている服装に合わせて、ゴールドがかった薄いオレンジ色のマニキュアを丁寧に塗る。一本一本の指に息を吹きかけながら、完全に乾くまでソファーに深く腰掛けて、明日のデートの行方を想像したりする。CDからはビバリー・クレイバンの透き通るような声が流れている。リラックスして、啓介のことを考える。明日のデートで彼はどんな会話をするのか、どんな表情をするのか、自分のことをどう思うのか、レストランへ行ったあとどこに行くのか、あれこれと想像をして楽しむ。

　金曜日、仕事のあと、美智子はいつものように新宿にある啓介の会社が入っているビルの一階で、六時半過ぎに待ち合わせをし、そのあとすぐに青山にあるタイレストランに向かった。啓介は忙しくてその日ランチをとりそこねたとかで、早く美味しいものにありつきたいと言って足を速めた。啓介は友達から場所をしっかり聞いていたようで、多くのレストランが並ぶ裏どおりにあったが、二人は間違えることもなく、まっすぐにそのタイレストランに到着した。

　レストランは、小さな入口から階段を上がった、二階にあった。四人掛けの丸テーブルが十二台ほど、少し窮屈めに押し込められていた。店に入ると、啓介は窓際の隅に空いているテーブルを見つけて、そこへ美智子を促した。七時半と、金曜日としてはまだ早い時間にもかかわらず、二人がテーブルについてから十五分もしないうちにすべてのテーブルが埋まった。

「今日も、なかなかいいね。そのスカーフ、君にとてもよく似合ってる。新しく買ったの？」啓介は、美智子のジャケットの下から覗《のぞ》く艶のあるオレンジ色のスカーフを見て言った。

「ええ、ありがとう。ずっと使ってなかったんだけど、この前、タンスの整理をしてて見つけたの」何故か新しく買ったとは言えなかった。彼とのデートのために毎回買い物をしています、なんて思われたくなかった。

レストランの窓からは、目差すレストランやバーを探すカップルやグループが行き来するのがよく見下ろせた。金曜日の夜。これからもっと多くの人たちがこの通りに溢れかえるだろうということが、時間の経過とともに増える人たちを見ていてもよくわかった。

「僕、お腹が空いてもう死にそう。昼前のミーティングが長引いちゃって。おまけに午後一時からまたきっちり次のミーティングが入ってるんだもんね。ランチなんてとれたもんじゃない。何が食べたい?」民族衣装をつけたタイ人のウエイトレスが、片言の日本語でいらっしゃいませと言って、置いていったメニューを開いて、啓介が言った。

「そうねえ、ココナッツミルクがたっぷり入ったレッドカレーなんてどう? えーっと、それから……。タイの料理は好きなんだけど、名前を覚えていないわ。啓介さん、何か適当に美味しいもの選んでよ。そうそう、友達はこの店で何が美味しいって言ってたの?」美智子はタイ料理が好きだなんて軽く言った手前、もっと他の料理を選びたかったが、持ち合わせている情報が乏しすぎて、カレーぐらいしか頭に浮かんでこなかった。友達からの推薦品があることを祈った。

「友達が言ってたのはサテイとかスプリングロールといった、スターターものかな。そうそう、シュリンプの入ったトム・ヤン・クン・スープがとっても美味しかったって。

メインでは何だったかなあ」彼はメニューを覗き込んで、一品一品をチェックしていく。

メニューには品名が日本語とタイ語で書かれ、簡単な説明が日本語で書かれていた。美智子もメニューを開いていたが、具体的な味がイメージできないだけに、品名と説明書きをだらだらと読むばかりだった。

「辛いのは好き？　僕は大好きだけど」啓介が尋ねる。彼の目は依然メニューを睨んだままだ。

「あまり辛いのはだめだわ。ちょっとぐらいは大丈夫だけど」以前インドカレーを食べた次の日、一日中お腹が痛くて何度もトイレに通ったことを思い出す。

「それじゃあ、こんなのはどう。スターターにサテイとスプリングロール。その後に、トム・ヤン・クン・スープ。そして、ビーフサラダとレッド・チキンカレー。もちろん、ライスも一緒に。確か、ここのポーションはそんなに大きくないっていってたから、このぐらい頼んでも大丈夫だろう。僕はお腹が空いてるし。どうかな」啓介はメニューのあちこちに散らばる名前を拾いながら、美智子に聞く。

「美味しそう。いいんじゃない」美智子はオーダーする料理が決まったことに満足した。

「飲み物はどうする。タイ料理だから、タイビールのシンハーなんてどうかな」啓介はメニューから顔を上げて言う。

「そのビール、この前、タイフェスティバルに行ったときに見たのだわ。うん。飲んでみたい」美智子は笑みを浮かべて答える。

啓介が飲み物と食べ物のオーダーをすませたあと、早速、さっきメニューを持ってきたウエイトレスが、ビールをテーブルに運んでくる。冷えて白くなったグラスを二人の前に置いて、すでに栓を抜いた瓶からビールを注ぐ。泡だったヘッドがちょうどグラスのトップにかかり、三三〇㎖ほどの液体がすべて収まる。

「乾杯」啓介はグラスを持ち上げて美智子に掲げる。

「乾杯」美智子もグラスを上げて、彼のグラスに軽く触れさせる。ちょっぴり甘いシンハー・ビールが、二人の喉の奥にゆっくりと流れていく。

料理が運ばれてくるまで、啓介はいかに今日が忙しかったかから始まり、会社での今週の出来事を美智子に伝えた。美智子も銀行の窓口を訪れるお客さんのハプニングや出来事を彼に伝えた。

最初に運ばれてきたサテイとスプリングロールを啓介と美智子は美味しく食べた。啓介がランチをとりそこねたこともあって、スターターの皿はアッという間に空になった。スターターが終わると、次のコース、トム・ヤン・クン・スープが運ばれてきた。ウエイトレスは、スープの入った器をテーブルの真中に置き、二人の前で二つのボールにサーブする。啓介と美智子はそんな手の動きをじっと見ている。そして、スープのボールを二人の前に置き、空になった大きな器を持ち去った。

一口スープを飲んだ啓介は美味しい、とばかりに何度か頷きながら満足した顔を美智子に向ける。それに応えるように美智子も、微笑みながら一口スープを口に入れる。辛い。浮かべていた笑みが一瞬消えるほどの辛さだった。それからは、大きくスライスして入っているチリペッパーを一つひとつ取り出して、残りのスープを何とか喉に流し込んだ。啓介はそんなチリペッパーのたくさん入ったスープをいかにも美味しそうにたいらげた。

スープが辛かっただけに、彼女はビーフサラダが待ち遠しかった。そして、たかがビーフサラダと思いこんで口に入れたとたんに、火をふいてしまった。グラスに半分ほど残っていたビールを全部喉に流し込んでも、口から食道にかけてのヒリヒリした灼熱感はどこにもいかなかった。鼻水まで出てきてしまう。

「これ、辛ーい。ふうふう」美智子は口をすぼめるようにして、口の中の空気を出したり入れたりした。そうするとわずかに口の中の灼熱感が薄れるように思えた。ハンカチで鼻と口を覆う。

「ミッチ、大丈夫か」啓介は美智子をミッチと呼んでいる。彼は水の入ったグラスを美智子の方に滑らせて、もっと水を飲むように勧めた。

「これ辛いのねえ。単に、グリルしたビーフにドレッシングがかかっているだけのことかと思ったのに」彼女は水を一口一口ゆっくりと飲んだ。水が舌の上と喉を通り過ぎているそのときだけ、水の作用で灼熱感が消えるのだ。彼女は灼熱感が消えている時間を、できるだけ長くしようとしていた。

レッド・カレーがやってきた。甘いココナッツミルクが入っていると安心していたにもかかわらず、カレーはやっぱり超辛かった。タイフェスティバルで食べたカレーは、こんなに辛くなかったというのに。結局、美智子はカレーをライスにわずかににじませる程度にして食べた。それでも鼻水は止まらない。

「ミッチ、本当に大丈夫か。さっきから水ばっかり飲んでるけど。もう少し水もらおうか。辛いのはちょっと苦手って聞いてたけど、タイ料理が好きだって言うし、ある程度はいけるのかと思ったらぜんぜんだめなんだね」啓介はタイ人のウエイトレスと目が合うと、グラスを持ち上げて水のお代わりを頼んだ。

「本当に、タイ料理好きなのよ。でも、ここの料理、私には辛すぎるみたい」彼女はグラスに新しく注がれた冷たい水を一口一口飲み続ける。ここまできて、タイ料理が好きと軽くいったホワイトライ（white lie＝罪のない嘘）を、どこにももっていきようがなかった。

次の日、一日中、美智子がトイレ通いをしたのを、啓介は知らない。

美智子と啓介の場合2

アパートに帰って、玄関のドアを閉める。居間兼寝室の真中にあるテーブルに郵便物とバッグを投げるように放り出して、ステレオのスイッチを入れ、CDのボタンを押す。鈴木雅之のボイスがスローに流れ出す。時計は午前十一時四十八分を指している。ソファーにドシンと腰を下ろした美智子が大きくため息をつく。

啓介とつきあうようになって、八ヶ月が過ぎようとしていた。毎週末、土曜日には彼と会い、映画を観にいったり、美術館めぐりをしたり、車で日帰りの範囲にある公園やかわいいスポットに出かけたり。そして、どこかのレストランで夕食をゆっくりととり、そのあと彼のアパートにいって泊まる。朝はゆっくりと起きて、美智子が作る卵料理とトーストで遅いブランチをとる。これが最近の二人のデートコースになっていた。

美智子は立ち上がると、ティーを入れるために台所にいき、ケトルに水を入れて火にかける。そして、冷蔵庫を開けて、何か食べるものを探す。フー。美智子は口をすぼめて息を放つ。すぐにつまんで食べられそうなものは入っていなかった。

居間に戻ってダージリンの入ったティーカップをテーブルに置く。そして、熱いティーを一口すすり、毎週そうするように、美智子は今朝までのデートを回想する。まだ昼の日中だというのに、CDは赤い夕日をイメージするような音楽を流している。

昨日は昼過ぎに新宿東口で啓介と待ち合わせをし、メグ・ライアンとトム・ハンクス主演の〝ユー・ガット・メール〟を観にいった。そのあと二人はカフェでお茶をしながら、じっくりと映画について感想を話し合った。

それから渋谷にある会員制のイタリアンレストランに出かけた。啓介はそこの会員になっていた。レストランは部分的にいくつかの壁で仕切られ、壁の向こうに何組かビジネス・ディナーをしていると思われるグループが見えたが、二人が案内されたテーブルの周りには客の姿はなかった。啓介と美智子はまるで二人だけの個室にいるようだった。どうすればこんなレストランのメンバーになれるのか。美智子がそう聞くと、ちょっとしたコネがあるからね、と言って啓介は笑った。

封建的な父親の背中を見て育った彼は、夕食は女性にご馳走するもので、ご馳走になるものではないと思っているとかで、美智子がレストランで支払いをする必要はまずなかった。最初のうちは、いつもご馳走になっていて申し訳ないと思っていた美智子も、今ではそれが当然のこととなり、雑誌にどこかの新しいレストランが紹介されていると、啓介に連れて行ってくれるように頼んだりもするようになっていた。

美智子はティーを口に運んでから、テーブルの上に置いた郵便物を開けてみる。中には銀行からの明細書が入っていた。先月末、いつものように給与が振り込まれていた。その下に、自動引き落としになっている今月分の電気、ガスなどの光熱費やクレジットカードの使用額が何列か並んでいる。そのずっと下に記載された残高は……乏しい。

「あ～あ。しばらくランチと夕食を倹約しないといけないわねえ」美智子は独り言を言ってティーをすする。

啓介はいつも小奇麗にしていて、ブランドもののネクタイやスーツを身につけていることも多かった。そんな彼と一緒にいて、バランスよく見栄えがするように、彼女も衣類やバッグ、靴、髪型、化粧品にお金をかけるようにしていた。美智子はここ数ヶ月の間に、ルイ・ヴィトンのバッグやシャネルの化粧品などのブランドものを多く購入していた。クレジットカードのリボルビング方式を利用していたから、それぞれの品物については毎月一定額を支払えばよかったが、すべての品物の合計額は、家賃を除いた給料のほとんどを食いつぶすほどになっていた。これ以上、買い物はできないと、美智子も頭ではわかっていた。それでも、啓介との毎週末のデートに同じ洋服ばかりを着ていくこともできず、結局、また洋服を新調したり、新しいバッグや靴を購入するという悪循環を繰り返していた。お洒落な彼と素敵なレストランに出かけて見劣りしないために、彼女は背伸びをし続けていた。

「ふ〜ッ。お金、何とかならないかしら」もう一度、独り言をもらす。そして、美智子は明細書をテーブルに伏せた。


やっぱりどうしてもお腹が空いている。美智子はキッチンにいってインスタントラーメンを作ることにした。リラックスすると、お腹まで空いてくる。啓介と一緒にいるときは、彼の手前、食欲を控えるようにしている。レストランでの夕食のあとは、必ず彼のアパートに行くことになる。ベッドに入ったときに、お腹がボッコリと出ているようでは恥ずかしい。だから美智子は夕食を自然に少なくするように心がけていた。というわけで、いつもデートから帰ってくると、俄然お腹が空いてしまう。啓介と一緒にいるのは楽しかったし、毎週末のデートが待ち遠しかった。でも啓介と一緒にいる間、美智子は格好ばかり気にして、本来の自分を隠している分、自分のアパートに戻ると肩の荷が下りて、必ず安堵のため息が出た。今となっては、そんな彼女の姿を彼の前で変える勇気はない。

刻んですばやく炒めた玉葱とブロッコリーをのせてインスタントラーメンを作る。安上がりでしかも短時間にできる。美智子が週に何度か食べる簡単な食事だ。そのあともう一杯熱いティーを入れて、買い置きをしている何枚かのビスケットをほおばる。

自分の主張をはっきりと

日本には、何も言わないでも相手が察してくれる、という美しい文化がある。そして、それは美徳とされている。それは、相手に求めて期待する姿勢を示す。そんな中で、自分の思ったように相手が察してくれないと不服に思い、自分のことをわかってくれていないという発想になる。いつも受動的でいて、しかもその相手次第的姿勢から外に出ないでいて、自由にならない相手の姿勢に不満をつのらす。自分の気持ちをはっきりと言わないから、相手が、わかってくれていないといった話になる。それで相手を責めたって仕方がない。言わなければわからないし、誤解だってしてしまう。相手を責める前に、自分が思ったことや、自分の気持ちを相手に正しく伝えているか振り返ってみて。恋愛中、思ったことや考えたことを、彼や彼女に正直に話していますか。結婚後、子供のことや家のこと、仕事のこと、妻や夫と話し合っていますか。自分の気持ちを相手にはっきり伝えていますか。

女性はただ笑ってうなずいているだけが、かわいいと思っている男。それを認める女。そんなスマイルは非生産的でしかない。一時的には、それがかわいさと評価されることもあるかもしれないけれど、肉体的にも精神的にも何もしないのと同じことだから、長期的には何も生み出さないことになる。長い人生の中で何も生み出さない分、かえってマイナスになると言ってもいいだろう。女性だって、いつでもどこでも一生笑っているわけにもいかないし、第一、男性はきっとその女性のスマイルに飽きてしまうことになる。それに夫婦の間で、笑ってうなずいてばかりもいられないのが現実だ。自分で何を考えているのか言わないでおいて、笑ってばかりいては、話し合いも何もない。話や討議がどこにも向かっていかない。結論だって出てこない。専門分野や詳しいエリアで、夫か妻のどちらかがリードをするのはいい。でも、いつもいつも、どちらか一方が先を行って、他方が「はいはい」といって何も考えずについて行くというのはどうだろう。どちらの立場にしても、将来的に不満が出るし、息切れがする。今からでも遅くない。自分の考えていることをはっきりと相手に伝えよう。自分の主張をはっきりと。

日本人は、ある事柄について思考をめぐらして、そのことについて自分がどう思うかをまとめることが下手くそだ。できないと言っていいのかもしれない。小学校、中学校の義務教育と高校、大学での教育をあわせて、私達は実に長い間、教育を受ける。それなのに、そんな基本的なことを学ばずに卒業してしまう。記憶に頼る勉強法。それが日本の教育の根底にある。だから、自分の考えを搾り出して、一からひとつずつ構成していく論文が書けない。そして、何処からか誰かの考えを借りてきて、書きあげたりするしかない。

日本人は何かを正しいことと、間違ったことの二つに分けようとする。第三者を気にする日本人は、自分の考えとして表現したことが他人から間違っていると評価されるのが怖い。だから、自分の意見を出さないようにしているのかもしれない。その結果、考えることをしなくなってしまったのかもしれない。

イギリス人は討論が好きだ。パーティーに行っても、パブに行っても、友達同士でディスカッションをする。家の裏庭にテーブルを置いて、ビールやワインを飲みながら、国内外の社会情勢から政治政策、街の清掃問題から各家庭での庭の手入れについてまで、お互いの意見を出し合って討論をする。イギリス人は、新聞を読んだり、テレビでニュースを聞いたりするとき、その事柄について自分の考えをまとめる習慣がついているのだと思う。だから、誰かがその事柄について意見を聞いてきたときに、即座に返事ができるのだろう。

それに比べて、日本人は考えることに弱い。毎日の生活の中で、目の前で何かが起こっても、それをどうとも思わない。新聞を読んでも、ニュースを聞いても、受身の姿勢で、内容だけを単に耳に入れ、目に映すだけに終わってしまっている。受け取った情報をリピートして口に出すことはできるが、それについて深くは考えない。受け取った情報を頭の中で解釈していないのだ。その物事や出来事に興味がないからだろうか。

イギリスに住んでいるとき、どこに行っても、あなたはこれについてどう思うのかとよく聞かれた。文化と人種の違う日本人として、私がどんなふうに考えているのか、彼らにとって、非常に興味深かったのだと思う。また、私の返事がイギリス人の討論の種になったりもしたのだと思う。

最初は、聞かれることに苦痛を感じた。言葉の障害もあるが、何と言っても、自分の意見として返事をつくりあげることが大変だったからだ。あるとき、イギリス人の友達がパーティーのあとで私に言った。もっと話をしなさいと。言葉を出さなければ、何も考えていないのと同じで、馬鹿に見えると。

馬鹿に見えてはたまらないと、それからの私はがんばった。聞かれても聞かれなくても、様々な事柄について、私はどう思うのかと自問自答を繰り返した。自分の考えが正しいのか間違っているのかは別にして、どうして自分はそう考えるのか、繰り返し問い続けた。面白いもので、それを繰り返しているうちに、そう心掛けなくても、どこかで頭が考えるようになっていた。繰り返しからの学習だ。

とにかく、私の例から言って、繰り返しの訓練で自分の考えを表現することはできるようになる。その習慣は今からでも身につけることができる。

夫婦の間で、お互いが何を考えているのかを推察し合うなんて、他人じゃあるまいし。そんな態度を改めよう。考えていることを、はっきりと夫や妻に伝えよう。そして、お互いの意見を出して、話し合いをしよう。そうすれば、お互いをより深く理解することができるから。相手を理解できれば、二人の距離はもっと近くなり、より深く夫や妻を愛することができるようになる。それって素敵じゃない？

美智子と啓介の場合3

「何が食べたい？」啓介が横を向いて、隣に座っている美智子に聞く。

「う〜ん。そうねえ」美智子はメニューに見入る。

啓介と美智子は、美智子の友人の直子とその彼氏の潤と一緒に、麻布にあるフレンチレストランに来ていた。それは美智子が雑誌で見つけた〝本命の彼と出かけるロマンティックレストラン〟というリストにあった店で、彼女がここに行こうと提案したのだ。美智子はフランス料理が特別好きというわけでもなかったが、雑誌に紹介されていた店の写真は題目どおりロマンティックな雰囲気で、恋愛中のカップルが出かけるには絶好の場所のように思えた。

「みんな、カキは好き？　今、シーズンだし、レモンを絞って食べると美味しいだろうね」啓介はメニューから顔を上げて、テーブルについているみんなを見回して言う。

「カキ。いいわねえ」生ガキが大好きな直子は、即座に返事をする。

「僕もOK。最近、カキを食べてないから、久しぶりに食べたいね」潤も同意をする。

「カキ……。そうねえ。いいわよ」美智子はしばらくメニューをあちこちと見回したあと、一番最後に返事をした。

「ＯＫ。じゃあ、カキをスターターにオーダーして、みんなで食べよう」そう言って、啓介はメインコースのページに目を移す。

「ミッチは何をメインコースにオーダーするの？」啓介は再び隣の美智子に尋ねる。

「う〜ん。何にしようかしら。啓介は何にするの？」食べ物の名前とそのイメージが一致しない美智子は、何をオーダーしていいのか迷っていた。

「そうだなあ……。僕はこのビーフ・バーガンディにしようかな」しばらくメニューを見てから、啓介が言う。

「んッ。どれ？」美智子は啓介の言った料理がイメージできない。

「ビーフ・バーガンディ。啓介、それ美味しいの？」美智子はビーフ・バーガンディをメニューの中で探しまわる。

「うん。食べたことはないんだけど、ワインの味と色がしっかりとシチューのベースになっていてなかなか美味しいって、友達の誰かが言ってたような気がする。美味しそうだろう」啓介がメニューから目を上げて答える。

「そうなんだ。牛肉をハーブとワインで煮込んだシチューねえ。僕、フレンチフードってあまりわからないんだけど、美味しそうだな」潤がメニューにある説明書きを見つけて頷く。

「じゃあ、私もビーフ・バーガンディにする」美智子はそう言って、メニューを閉じる。メインコースのページを説明書きと一緒にあれこれと見回したが、これといって食べたいものが見つからなかったので、手っ取り早く啓介と同じものをオーダーすることにした。

「オーダーはお決まりになりましたか?」しばらく遠くから様子を見ていたウエイターが、テーブルにやってきて丁寧に尋ねた。啓介と潤は声を出さずに軽く頷いてみせた。

「私はちょっと質問があります。私、あまりフランス料理ってわからないんですけど、何かお薦めがありますか。私はどちらかというとチキンが好きなんですけど」直子がウエイターに尋ねた。

「チキンがお好きなんですね。それでしたら、このグリルしたチキンなんてどうでしょうか。グリルした鶏の胸肉に、ローズマリーなどのハーブをきかしたワインソースがかかっています」ウエイターは直子の横に移って、メニューのメインコースにある、その鶏肉料理を指差した。

「サウンズ・グッドね。じゃあ、私はそのチキンにするわ」直子はウエイターに笑みを返して、メニューを閉じた。

「えーと。スターターに生ガキをお願いします。みんなで食べますので」直子から目を離して、あたりを見回したウエイターに、啓介が続けた。

「それから、メインに僕はビーフ・バーガンディを」啓介が言った。

「僕もそれを」潤がすかさずウエイターに言い足した。

「私も同じものをお願いします」ウエイターが最後に美智子のほうを向いたので、彼女もそう答えた。

そのほかに、ワインの大好きな潤のチョイスで、カリフォルニアの赤ワインをボトルでオーダーした。ウエイターは四人のメニューを集めると、テーブルを去った。

「どうしたの。カキ食べないの？」赤ワインを一口飲んだ啓介がグラスをテーブルに戻して言った。

「うん。まあね」小さな声で美智子が答える。さっきから、彼女はワイングラスにわずかに口をつけては、テーブルに戻す動作を繰り返している。

「美智子、どうしたの」直子も心配して尋ねる。

「私、あまりカキ好きじゃないの」うつむき加減で美智子が答える。

「エッ。どうして、最初にそう言わないんだよ」美智子の方を向いて、啓介は呆れたように言う。

「う、うん。だって、みんな、カキ好きみたいだから」美智子は遠慮がちに答える。

「そんな。でも、美智子が嫌いだったら、他のものをオーダーすればよかったのに」

啓介は信じられないとばかりに頭を振る。

「だって……。何をオーダーしていいかわからなかったんですもの。フランス料理って、私よくわからないから」美智子の声が小さくなる。

「よくわからないんだったら、直子さんが聞いたみたいに、ウエイターに聞いてみればいいじゃないか。知ったかぶりをするより、はるかにいい。このレストランを選んだのって、美智子じゃなかったっけ」わずかな沈黙のあと、啓介は小言をいうようにもらした。啓介は友達の前で恥をかかされたように思えて、美智子を責めてしまっていた。

「ちょっと、ちょっと。そんなに彼女を責めないでよ。私たちのことを思ってカキをオーダーするのに賛成してくれただけなんだから。それに、このレストランって、素敵じゃない。美智子が見つけてくれなきゃ知らなかったところなんだから。ねえ、そうよねえ、潤」直子は美智子をかばう。

「うん。このカキ、フレッシュなレモンがきいててなかなかいけるしね。それに雰囲気がいいねえ。この感じからいくと、彼女が見つけた雑誌に載ってた写真って、きっと抜群だったんだと思うよ。フランス料理について知らなくたって、誰だって来てみたくなるさ」潤が直子を後押しする。

啓介は何も言わずに、ワイングラスを口に運んでいる。美智子はうつむいたままだ。

そのあと、ディナーの間中、直子と潤は始終啓介と美智子に声をかけて話を盛り上げようとしたが、会話はどこか上滑りしていた。

美智子はメインコースででてきたビーフ・バーガンディが好きになれなかった。ハーブの味が強すぎた。でも、何とか一口も残さず、喉の奥に押し込んだ。残せば、また啓介に、どうして嫌いなものをオーダーしたのかと言われてしまう。

素敵なレストランで、啓介と楽しいデートをするはずだったのに、嫌な思い出になってしまった。

愛していると言おう

夫も妻も、二人の気持ちは刻々と変化している。夫婦間のちょっとした言葉がけで、幸せだと感じたり、嬉しく思ったりすることになる。それによって二人の関係が近づいたり離れたりする。結婚した途端に、お互いの態度が変わってしまった、なんて寂しく話す人が多いのはどうして？　お互いに気持ちがハイだった恋愛中に比べ、結婚してすべてが落ち着いて、夫や妻にかける言葉をなくしてしまうのか。

照れくさいとか気恥ずかしいとか、何を今更、なんて思わないで。〝愛してる〟って言おう。その言葉が、どれだけ二人の関係に影響するか考えてみて。毎日言えとは言わないけれど、その場の雰囲気とタイミングを考慮して。どこかのレストランに行って楽しい時間を過ごしたとき、結婚記念日にプレゼントをもらったとき、何かに熱中していた会話がちょっと途切れたとき。夜、ベッドに入って、いろいろな会話を交わしたあとに、ギュッと夫や妻を抱いたりして、愛してるって言ってみよう。

アメリカ映画やフランス、イギリス映画の中で、結婚しているか、いないかに関係なく、主演のカップルが必ず使う言葉、"I Love You"。女性がそんな映画を観て、主演男優にとろんとした眼差しを送るのは、単にその男優がハンサムでかっこいいヒュー・グラントやトム・クルーズ、リチャード・ギア、ロバート・レッドフォードだからというだけではない。そのストーリーの中で男優が話す言葉や、行動に酔ってしまうから。日本文化にはない何かが、映画の中の男性像にあるからだ。

映画〝プリティ・ウーマン〟の中で、やり手のビジネスマン、ルイス（リチャード・ギア）は偶然出会った娼婦のビビアン（ジュリア・ロバーツ）に、ある重要な商談が終わるまでの一週間、同伴ガールフレンド役を頼み込む。ルイスとの時間を重ねるうちに、娼婦の生活から抜け出し、ルイスとのまっとうな生活を夢見るようになるビビアン。ルイスの中でもビビアンの存在が大きくなっていく。でも、娼婦という言葉はどこまでも心の中で引っかかる。そして、一週間後、ルイスはビビアンを送り出す。ところが、彼女の存在をどうしても捨てきれないルイスの気持ちが、そのあと吹っ切れる。ビビアンが小さい頃から夢見ていたとおりに、まるでナイトがタワーに閉じ込められたお姫様を助けに行くかのように、大きな花束を抱えて、ビルの非常階段から駆け上がり、それを差し出して、彼女に愛を告白する。愛してるという言葉さえ使わなかったが、ビビアンの夢ストーリーを真似て、タワーに上ってお姫様を助けると一体どうなるのと聞くルイス。彼を助け返すのよと答えるビビアン。お互いが何を言っているのかは、映画を見ている人にはよくわかる。お互いに相手の気持ちを受け入れて、結局、彼女が娼婦であることを忘れて、恋に落ちたのだ。映画では二人がお互いに引かれていく様子がうまく演じられている。そして、リチャード・ギアは、いつの間にか、映画を観ているあなたに語りかける。大きな花束を差し出して、愛してるよ、とあなたに言うのだ。リチャード・ギアの甘い顔でそんなことを言われようものなら、多分、誰でも心の底から酔ってしまうことだろう。

さて、一体、あなたは何に酔ってしまうのだろう。彼が目鼻立ちのしっかりした西洋人だから？　彼の声？　甘い顔？　彼のもっているステイタス？　いいえ、それは、彼が今まであなたの周りで決して見たことのない男性像だから。状況なんてどうでもいい。他人がどう思うのかなんて関係ない。相手がどう受け取るのかなんて、そのときには考えない。ただ自分の気持ちをぶつけてみる。愛してるという言葉を本気で、心の底から愛している人に投げかけるところ。そんな彼のストレートな態度に、あなたは惚れてしまっているのだ。

考えてもみて。愛してるよ、って言われて、どこの誰が悪い気持ちがするだろう。恋愛中、どれだけ彼の口からその言葉が出るのを待ったことか。彼女の口から愛しているわと言ってほしかったことか。覚えてますか。〝プリティ・ウーマン〟の中のルイスに惚れてしまうぐらいなのだから、結婚する前だって、したあとだって、同じように、あなたの夫から、愛してるよと言ってほしいとどこかで願っている。

「四十歳になってまで」とか、「結婚してもう三十年になるのに」とか、「もう六十代も後半になるのに」……なんて。年齢なんて関係ない。お互いの気持ちを確かめることにもなるし、二人の気持ちをさらに高め合うきっかけにもなる。いくつになっても、お互いに気持ちをつなぎあわせておくために、愛していると言い続けよう。

彩と俊彦の場合2

久しぶりの外食。川上俊彦は、このところ仕事が忙しかったから、妻の彩との時間がなかなかつくれないでいた。

俊彦は外資系証券会社の会計部で働いている。同じ会社のマーケティング部で働いていた彩とは職場結婚である。外資系ということもあって、職場結婚をしたあとも、彼女は問題なく仕事を続けている。

十二階で働く俊彦と十五階で働く彩は、これから職場を出るとインスタントメールで知らせあったあと、いつもの待ち合わせ場所、一階のロビーに向かった。

「やあ、彩のほうが早かったね」エレベーター側を向いてロビーのソファーに腰掛けていた彼女に、エレベーターから出てくるなり俊彦が声をかける。

「今、ここに来て座ったところ。私のほうがタイミングよくエレベーターをつかまえたみたいね」彩はソファーから腰を上げながら言う。

「さて、今日は金曜日。やっと自由な金曜日だよ。本当、ここ一ヶ月、年度末が近いからっていうんで随分と忙しかったけど、ようやく目処がついたよ。会計資料もそろったからね」

「本当よねえ。ここずっと帰りも遅かったし。久しぶりのデートって感じよね」彩は俊彦と腕を組む。四月初めとはいえ、ビルの外は肌寒く感じられる。最寄りの地下鉄駅まで彼女は俊彦に寄り添うようにして歩いた。

「予約してくれたレストランって〝シェ・ミシェール〟って言ったっけ」俊彦が尋ねた。

「そう、シェ・ミシェール。フランス語でミシェールの家っていう意味なんだって。うちの課にいる三枝ちゃんが薦めてくれたの。去年のクリスマスに彼に連れて行ってもらったとかで、食べ物は美味しいし、何といっても雰囲気がいいんだって。『先輩、旦那さんとロマンティックな夜を迎えたいときに行ってみてくださいよ』なんて言うの」

彩は俊彦の腕に軽く頭をもたれかける。

「彩と一緒にいて、どうやってロマンティックにできるっていうんだよ。彩なんてどっちかっていうと、花より団子のくちだろう」俊彦はそんな彩の頭を、彼女と組んだほうと反対側の手で軽くこづく。

「花より団子はないでしょう。私だって、思いっきりロマンティックなお店で、素敵な彼とディナーをするなんていうお嬢様みたいな夢を、いつももっているんだから。今はたまたま俊彦と結婚して、素敵な彼に会う機会がなくなったから、そんな雰囲気を作っても仕方がないってだけのこと」彩は笑って俊彦を下から見上げる。

「へえ、すいませんね。素敵な彼じゃなくて」俊彦は組んだ腕をはずして、もたれかかる彩を突っぱねる。でも、さらに十歩も進まないうちに、今度は俊彦から彩の腕に自分の腕を絡めた。

「わあ、なかなかいいじゃない」案内されたテーブルに通されるやいなや、彩が言った。

レストランには彩が、七時半の予約を入れていた。レストランはビルの地下一階にあり、その入口には白地に細い黒字で“Chez Michel”と、とてもシンプルに描かれた看板があって、その奥に地下へと向かう階段があった。

白いドアを開けると、店内は全体的に薄暗かった。入口近くにあるレセプションのような小さなテーブルのところに立っていた黒いスーツを着た長身の男性が、予約を確認して、二人をテーブルに案内した。口数は少ないが、要を得た無駄のない動きをしていた。

店内には二人掛けのテーブルが四列に並んでいた。大きなグループには、その二人掛けのテーブルがくっつきあわせられていた。各テーブルは小さめで、中央に白いバラが活けてある、小さく透き通ったガラスの一輪挿しが置いてあった。その横に、同じく低いグラスに入ったキャンドルに火がともされて、テーブルに座った客の影を揺らしていた。

俊彦の顔が真中を中心にしてキャンドルに映し出されている。彼の顔が真中から両側に向かって、徐々に薄暗くなっていく。

「うん、ここにいると花より団子の彩でも、神秘的でセクシーな女性に見えるね」俊彦はキャンドルの影の中で笑っている。

「もういい加減に、そのフレーズはやめてよ」彩はじゃれるように言ってから、真中に置かれたバラに顔を近づけて香りを嗅ぐ。

「こんなに小さいのに、しっかりいい香りしてる。バラって色が違うと香りまで違うのね。白いバラの香り嗅いだことある？　なかなか清楚な香りね」彩は大きく息を吸って、香りを体中に染み込ませる。

「白いバラの花言葉って知ってる？」彩が続けた。

「知らないよ。何て言うんだ」俊彦が聞く。

「〝純粋な愛〟だって」キャンドルの光の中で、彩の微笑んだ顔が揺れる。

食事の間中、黒いスーツを着た小柄なウエイターが二人の世話をする。彼のサービスは、行き届いていながら、それでいて存在感を感じさせない。空気のようだった。

ワインの好きな二人は、シェフのお薦めに従って、スターター、メインコース、デザート各コースに、それぞれにグラスでワインをとった。

「満足って感じ」甘味の強いデザートワインを一口喉に通し、彩は口紅のあとが薄っすらと残るグラスの縁を、人差し指で軽くなぞる。

「本当、美味しかったね。彩のその同僚の人、三枝さんに言っといてくれよ。すごくよかったって」ワインのせいか、俊彦が少しばかり流暢になっている。

「うん、そのつもり。私、ここすごく気に入っちゃったもの」

「僕も気に入ったよ。味はなかなかだし、サービスもいいしね」二人は満足していた。

「キャンドルの光って神秘的ね。こんなにたくさんのテーブルが並んでいるのに、俊彦と私だけの二人の世界にいるみたい。本当に不思議な感じ」彩はキャンドルの入ったグラスをテーブルの上でゆっくりと滑らして遊ぶ。キャンドルが動くたびに、彩と俊彦の影が揺れる。

「おいおい、気をつけてくれよ。テーブルにキャンドルのワックスがこぼれるよ。火傷するぞ」

彩は俊彦の言葉を無視して、キャンドルの入ったグラスを指でいじり続ける。キャンドルの炎に人差し指をかざしたりもして。

「彩、危ないよ。火傷するったら」俊彦はキャンドルと戯れる彩の右手をつかんで、キャンドルから遠ざける。

「本当に彩ったら、子供みたいなんだから」俊彦は火傷をしていないか、彩の指を目の前にもってきて調べる。

彩はその手を俊彦の頬にまわして、

「愛してる」と言う。

しばらく、沈黙が流れる。

「愛してるよ」俊彦が答える。

パーティーへは二人で出かけよう

パーティーに呼ばれたら、夫や妻と二人で出かけよう。日本ではカップルで招待される機会はまだまだ少ない。でも、もしパーティーに招待されたら、二人で出かけていいか、まず聞いてみよう。ＯＫならば、必ず二人で出席しよう。もちろん、自分がパーティーを計画するときにも、夫婦での参加を基本原則に招待状を出そう。米国や英国では、職場のクリスマスパーティーなど、必ずペアで招待してくれる。日本の会社で同じようにしてくれるとは思わないが、少なくともプライベートなパーティーについては、二人で出席できるものもあるはず。

米国や英国では、いつもカップルや家族単位でつきあいが行われている。友達に会ってディナーをするのでも、一緒にハイキングに行くのでも、その友達が妻の友達でも、自分の夫を連れていくのが当たり前だし、友達もその夫を連れてくるのが当たり前。

職場で催されるクリスマスパーティーだって同じ。会社は、職員がカップルで参加するのを見込んで予算をたてる。だから、結婚した人はその配偶者を連れて参加するし、結婚していない人は、現在つきあっている彼女や彼氏を連れて参加する。だから、パーティー会場では仕事の話なんかよりも、もっと幅広く会話が弾むことになる。

日本では、飲み会という色合いが濃いが、祝賀会、謝恩会、新年会、歓迎会、送別会、忘年会、数え上げればきりがないほどパーティーといえるものが存在する。西洋人に負けず、日本人はパーティーを開くのが好きなようだ。でも、そのパーティーに招待されるのは、何故か当の本人のみ。今のところその人の配偶者が一緒に招待されるパーティーはほとんどないといっていい。日本では、そのパーティーに参加するのが、ある意味で仕事の一部のようにみなされるからだろうか。仕事に関係のない妻や夫が出て行くことはない、といった感じなのかもしれない。たまに、奥さん同伴なんていうパーティーがあっても、中身は仕事の延長で、ビジネスの話ばっかりだったりして。話題の幅がないのはちょっと残念。奥さんたちも、夫の職場の役職に従って、自分も夫と同じポジションに置かれているかのように、他の奥さんたちに振る舞ったりして。夫の役職とあなたの存在はまったく違ったものなのに。これってやっぱりパーティーというよりは、仕事がメインになっているから？

二人で参加できるパーティーがないのだったら、自分で企画してみると面白いかもしれない。どこかの会場を借り切って、食べ物をどこかのケータリング会社に依頼して、なんていう大掛かりなパーティーじゃなくて、小さなパーティー。友達への招待状はもちろん、ペアでの参加を勧めるもの。自宅のリビングルームを使って、四夫婦（カップル）を招待。

自分達とで計十人ほどの小さなパーティーだ。時間は土曜日の昼二時からとか。食事を済ませてのパーティーだから、そんなにたくさん食べ物を準備しなくてもすむ。カナッペやチーズとクラッカー、フルーツサラダやガーリックブレッドといった簡単なものを準備してダイニングテーブルの上に並べる。赤ワインやクーラーに入れて冷やした白ワイン、その他のリキュール類もテーブルに並べる。皿やナプキンと一緒に、ワイングラスや大小のグラスもダイニングテーブルに置いておく。氷をたくさん入れた浅いメタルのボールに、ビールも冷やしておこう。

みんなが順繰りにやってきて、飲み物と食べ物をそれぞれに選ぶ。ビュッフェ式にしておけば、手間もかからないし、本人が好きな物を、好きなときに好きなだけ食べたり飲んだりできるというわけだ。食べ物と飲み物をピックアップしたあとは、リビングルームに移って、椅子に腰掛けたり、床に座ってゆっくりと時間を過ごすのだ。偶然見つけた青山の素敵なレストランの話、最近夫婦で一緒に入会したジムの話、外国からやってきているオーケストラの日本公演の様子とか、週末を使ってでかけた郊外の公園の話とか、話は永遠に尽きない。職場の悪口や同僚の陰口ばかりでは、話が暗くなるし、会話に発展性がない。それでは何度かパーティーで一緒になるだけで飽き飽きしてしまう。楽しい会話をすれば、次のパーティーが待ち遠しくなる。

そんな友達仲間五組が、ローテーションで半年に一回パーティーを開く。こんなパーティーだったら、忙しい毎日を送る人たちでも気軽に開くことができるのでは。どうだろう。

彩と俊彦の場合3

「いらっしゃい」玄関のドアを開けた彩は笑顔で言う。

彩の大学時代からの親友久実と、その彼氏の篤史がドアの向こうに立っていた。

「これ、どうぞ」久実がかわいくラッピングしたワインを差し出した。

「ありがとう。どうぞどうぞ、中に入って」彩は手早く二人を奥へ案内する。

通されたリビングルームには、すでに招待したすべてのメンバーがそろっていた。俊彦の職場で一緒に働く同僚の博と、その妻麻子。俊彦と博は同期入社で、博は俊彦が働く会計部の隣にある、人事課で働いている。人事課に入社五年そこらの新前が配属されることは珍しいと思うのだが、彼は何故か今年からその部署に配属された。人事課で博は、ひと回りならぬ、ふた回り以上年齢の離れた人ばかりに囲まれているために、何かにつけて隣の会計部にいる俊彦を訪ねる習慣になっている。三枝は去年入社したばかりで、彩と同じマーケティング部に席を置く。彼女はボーイフレンドの淳と一緒に、このパーティーにやって来ている。そして、最後に到着したのが、彩の大学時代からの親友久実と、その彼氏の篤史。久実は、マーケットリサーチ会社でいろいろなイベントを催して、集まった人たちにアンケート調査を行い、それをまとめるのを仕事としている。マーケットリサーチの依頼は、国内よりも海外からのものが多いらしい。週末をそういったイベントに使わなければならないために、彼女はいつも忙しい忙しいと、呪文のように唱えている。

「久実、今週末は仕事なかったのね。よかったわ。久しぶりにゆっくり話ができそうね。あッ、そうそう、こちら私の大学時代の友達で久実さんと彼女のボーイフレンド、篤史さんです。麻子さんたちと三枝さんはお互いに顔を合わせたことがあると思うんだけど、久実はいつも忙しくてみんなの前に顔を出したことがなかったはず。久実、篤史さん、こちら、私達が働く会社の人事課で働いてる博さんとその奥さんの麻子さん。そして、この人が私と一緒の部署で働く三枝さん。それから彼女のボーイフレンド、淳さん」久実と篤史を連れだってリビングルームに入ってきた彩が、みんなを紹介する。

「こんにちは、はじめまして」久実はみんなの前で斜めに頭を軽く下げた。隣で篤史も頭を軽く下げる。

「本当、忙しいったらありゃしない。今週も本当のとこ、依頼されたアンケート調査が一つあったんだけど、今月まったくお休みなしの状況だから、他の人に頼み込んで何とか休みをもらったってわけ。いい加減、篤史と一緒にいないと、離縁されそうだから」久実がじゃれたようにして、隣に立っている篤史の顔を見る。

「まったく彼女ったら、僕っていう存在を忘れてるんじゃないかって思うことがあるんですよ。僕の方が家でじっと彼女の帰りを待ってたりして」篤史は片手を頭の後ろにやって、笑いながら彼女を見返す。

「まあ、それだけ忙しい久実さんも参加してくれたことだし、じゃあ、ここで乾杯でもしましょうか」俊彦が冷えたシャンペンを持って現われる。彩が持ってきた八個のシャンペングラスに、冷えて泡立つシャンペンを注ぎ、まずはみんなで乾杯。

彩は、ブリー、スイス、ジャックなどのチーズをブロックのままのせた大きな皿をコーヒーテーブルの中央に置いて、好きなだけスライスしてとれるようにチーズナイフを横に添えた。別の皿には三種類ほどのクラッカーが、扇を広げるように飾られている。大口のガラスのボールには、たくさんの氷が敷かれた上にレーズンバターがちりばめられて、カラフルな爪楊枝が添えられている。小ぶりの小皿に各自がクラッカーをとり、その上に自分の好きなチーズをのせて食べる。

シャンペンのあとは久実と篤史がもってきてくれた赤ワインを開けた。

「これね、この前、内に仕事を依頼してくれたオーストラリアの会社の人が、もって来てくれたワインと同じものなのよ。はっきり言って、値段はあまり高くないんだけど、味はまあまあって感じだったから」久実はボトルのラベルを指して言う。

空いたシャンペングラスをキッチンへ運ぶのを三枝が手伝うと、彩が新しいワイングラスを持ってきた。篤史がワインを少しずつ均等に注いで、各自にグラスを配る。

「うーん。美味しいじゃない」キッチンから帰ってきて隣に座った三枝に、ワインを一口飲んだ淳が言う。

「本当、ちょっとフルーティでスパイシー。これ、いけるね」ワインを一口飲んだあと、俊彦はスイスチーズを薄くスライスしてのせたハラピーノ味クラッカーを頬張る。

「でしょう。会社で味見をしたんだけど、なかなか気に入ったので、この名前覚えといたの」久実が言う。

「何ていう名前なんだ」博がボトルを取って、ラベルに書かれた名前を読もうとする。

「シラーズっていうんです」篤史が久実の代わりに答えた。

「ふ〜ん。シラーズ。博、この名前覚えといてね。今度ワインショップで探してみようよ」うっすらと頬を赤く染めた麻子は、博にもたれかかるようにしてすがっている。

彼女はお酒は好きだが、顔にすぐ出てしまうたちなのだ。いつもグラス一杯のワインで、頬から額まで赤くなってしまう。先ほどのシャンペンがよく効いているようだ。

「うん。覚えとくよ。大丈夫」そんな彼女を博は〝まったくしようがないな〟と言わんばかりに、でも、笑みを浮かべて体ごと引き寄せる。いつものように、博は今日も麻子にやさしい。

「博さんと麻子さんって、いつも仲がいいですね」羨ましそうに言う三枝に、横から淳が視線を向ける。

「そうかしら。私たちって、いつも喧嘩してるんだけど」と、麻子。わずかだが、間違いなく舌がうまく回っていない。

「あら、何言ってるのよ、三枝ちゃん。あなただって、淳君と仲良くしているみたいじゃない。淳君、確か、去年のクリスマスの時に彼女を素敵なレストランに招待したんじゃなかったっけ。あんなロマンティックなレストランに二人で行くなんて、仲がよくないなんて誰が思うの」彩は反対側のソファーに腰掛けている淳と三枝を交互に見ながら言う。

「ああ、そうだ。シェ・ミシェール。あのレストラン良かったよ」俊彦は三枝の紹介したレストランに彩と一緒に行ったことや、店の雰囲気やサービスが抜群だったこと、住所と最寄り駅からの道筋などをみんなに話した。

「淳君、三枝ちゃんにはね、あのレストランでのこと、とても素敵な思い出になっているみたいよ。素敵、素敵の連発で私たちにそのレストランを紹介してくれたんだから」と彩が笑いながら言う。

「あれ、僕としてはちょっと奮発したんです。僕の安月給でそうちょくちょくは行けませんからね。うちの会社の先輩が紹介してくれたんです。女の子を口説くんだったら、あのレストランがいいってね」淳が照れくさそうに話す。

「淳君、口説くって、一体何て言って三枝さんを口説いたの」久実は彼の言葉を拾って、若い淳をいじめるように尋ねる。

「口説くって、その……。ただ、レストランが綺麗だね、とかなんとか。何て言ったかはっきり覚えていませんよ」淳はグラスのワインを大口に飲んで、右手の甲で額をすばやく拭いた。三枝は彼の隣で微かに微笑んでうつむいている。

昼過ぎに始まったパーティーは夕方まで続く。ワインの話をし、仕事の愚痴をちょっと言い、最近見つけたレストランの話をし、二人で出かけたコンサートの話をする。四組のパーティーはまだまだ続く。

「このワイン、行きつけのワインショップで勧められたんだけど。ちょっと飲んでみます？」俊彦がキッチンから新しい赤ワインのボトルを持ってリビングルームに入ってきた。

ベッドはダブルで

日本のテレビドラマでよく見かけるのが主演役の若い夫婦の寝室にツインベッドが置かれ、二人がそれぞれ別のベッドで寝ているシーン。そこには、二つの設定がある。一つ目は、大抵仲直りをした夫婦か、あるいは夫に何か後ろめたいことがあって、それを隠そうとしている場合。夫から「こっちに来ないか」と誘われて、妻が彼のベッドに入り込むといった具合。二つ目の設定では、夫かあるいは妻が現在進行中の不倫と自分の家族のことを考えて眠れないでいると、他方もそのことを気づくか疑うかして眠れないというように、それぞれのベッドの中で思いをめぐらすのだ。どうしてこうなってしまうのだろうか。

夫婦がツインベッドで別々に寝るというのは、日本の風習か伝統なのだろうか。ベッドが入ってくるまで、日本人はもともと布団で寝ていた。そこからきているのだろうか。布団で二人用サイズのものはない。二人分の布団を並べて敷いて寝ることはあっても、一つの小さな布団に二人が並んで寝るなんてことは普通しない。そこへ、西洋からの影響でベッドなるものが、日本に入り込む。シングル、フルサイズ、クイーンサイズ、キングサイズと用途や必要性にあわせてベッドを選ぶ。結婚したカップルは、二人の体や部屋のサイズにあわせて、フルサイズ、クイーンサイズ、キングサイズの中から選択するというわけだ。ところが、別々の布団で寝る習慣のある日本人は、ベッドで寝るという習慣を取り入れたものの、その選択の仕方は依然、日本人の布団選択法になってしまっているというわけだ。

アメリカ映画などを思い起こして。シングルベッドやフルサイズベッドを二つ入れた寝室で、夫婦が寝てるなんて見たことがない。喧嘩をするなり、不仲になるなりしたときには、どちらかがダブルベッドを抜け出して、別の部屋にあるベッドで寝るとか、居間のソファーで寝るというのが大方。あるいは、その家から出て行ってしまうとか。要するに、仲がいいときには二人一緒に寝る。仲が悪ければセパレートっていうこと。

日本ではまだまだツインベッドで寝る夫婦が多い。布団の文化はそれまでに根強いのか。結婚をしてからも、お互い常に距離をもっているべきだといった、日本的な考え方からなのか。二つのベッドで寝る夫婦。セックスをするときしか一緒にいないの？ “Are you an animal?” と言いたくなる。西洋人がダブルベッドで寝てるんだから、日本人もそうするべきだってわけじゃない。夫婦なんだから、いつもお互いに体を触れ合って寝るのが自然だと思う。ただそれだけ。

だから、二人の寝室にツインベッドなんて置かないで！　狭い部屋がもっと狭くなる。二人で旅行をするときだって、ダブルルームをとって。ツインなんてとらないの。ところで、日本のホテルにはツインルームが多すぎる。ダブルの部屋がないホテルだって結構あったりする。これって、変じゃない？

ある日本の企業が投資してアメリカに立ち上げた子会社で働いていたときのこと。ある日トップ層にある一人が、日本からこのアメリカの会社に派遣されてくることになった。そして、派遣される職員とその家族のために、会社が一戸建ての家を用意した。

家はサンフランシスコ空港の滑走路を遠く眺めることができる小高い丘に建ち、多分、二五〇〇スクエア・フィートぐらいあるだろうと思われる広さの、ゆったりとした家だった。ただ会社が契約したその家には、家具がまったくついていなかったため、会社はその家を埋める家具をレンタルすることになった。そして、まだアメリカに到着していない家族の代わりに、レンタル会社が配達してくる家具を私が受け取ることになった。

ということで、私はその家に行って家具の配達を待つことになる。アメリカ人にしては珍しくと言いたいが、ほぼ予定されていた時間に、二人の大きな黒人が家具をもって現われた。さすがに、職業に適した人材が選ばれているのだろう。一人は相棒の助けもなく、ひとりでソファーを器用に持ち上げて運んできた。もう一人も、ベッドの大きなヘッドボードをひとりで抱えてやってきた。私の役目は、派遣される会社員から指示されているとおりに家具を配置するよう、彼らを指揮すること。ダイニングセットをダイニングルームに。

ソファーとコーヒーテーブルをリビングルームに。クイーンサイズベッド二つをマスターベッドルームに。シングルベッド二つは子供部屋に。

私は、マスターベッドルームにベッドを運び込んだときの配達人の一瞬ひるんだような表情を覚えている。どうしてクイーンサイズベッドが二つも必要なのか、と。どこにそのベッドを置くべきなのかと、配達人は私の指示を待つ。彼は混乱してしまったのだ。この二つのベッドをどのように使うのかと言わんばかりに。会社員からすれば、日本と違ってまったく広すぎるほどの寝室を手に入れたのだからリッチにいきましょうといった軽い感覚で、シングルベッドを二つというところを、クイーンサイズベッドを二つ入れることにしたのだと思う。でも、アメリカ人にすれば、明らかにマスターベッドルームと思われるところに、〝二つ〟もベッドを入れることが、不思議に思えたに違いない。

でもまあ、お客さんがそうしたいと言うのだからとばかりに、配達人は私の指示に従って、一つのベッドを窓の近くに手早く組み立て、そしてもう一つのベッドをそこから三メートルぐらい離して組み立てた。大きなランプをのせたサイドテーブルをそれぞれもった二つのクイーンサイズベッドを入れても、まったく狭さを感じさせない広々とした部屋だった。

そこにもってきて、子供部屋に入れた二つのシングルベッド。会社員の奥さんからのお願いは、年の近い二人の子供の面倒を見るのに都合がいいので、そのベッドを二つくっつけて置いてくれとのことだった。私は彼女から依頼されたように、二人の配達人に指示をした。マスターベッドルームの件に加えて、この小さな部屋に入れたシングルベッドをくっつける意味がわからなかったのだと思う。それならどうして最初から、フルサイズなりクイーンサイズなりキングサイズのベッドをレンタルしないのかと。私は、彼らのとまどいを感じ取って、これは二人の子供たち用なのだと付け足した。でも、それは、もっと彼らを混乱させたのかもしれない。どうして、一人一人自己を確立していくべき子供たちのベッドをくっつけたりするのかと。

そのときには、そこまで真剣に配達人たちのとまどいに注目をしなかった私だけれど、今になって考えてみれば、彼らの反応はごく自然な、アメリカ人を代表するものだったのでは、と思う。まったく違う文化は、家の中の家具の配置や選択まで大きく変えてしまうものだと今にして思う。

たとえ文化が違っていても、どこの国にいても、愛しているという気持ちは同じように存在するはず。みんな同じように愛し、体に触れ、セックスをする。自然ななりゆきだ。反対側で別のベッドに横になる妻を、「こっちに来ないか」なんて呼んだりしないの。それって、今、僕はセックスをしたい、だからこっちに来てほしいと言っているだけのこと。一方的だし、とても動物的だ。一つのベッドや布団に寝ていれば、二人は何となくいつも体が触れていることになる。愛している人に触れていることが、そして触れられていることが、愛されている証しのように安心や落ち着きをもたらしたことを思い出してみて。赤ん坊の成長には母親や父親からの継続したスキンシップが必要だと訴えるメディカルレポートがあるけれど、決して、赤ん坊だけに言えることではないと思う。お互いに触れているということは、人間としての安らぎにつながるのだ。

裸でベッドに

パジャマなんて、ベッドに入る前に脱いじゃって。シーツが肌に直接触れる感触はなかなかのもの。気持ちがいい。ベッドや布団には裸で入ろう。お互いの気持ちを近づけて固めるのに、スキンシップはなくてはならないもの。相手の体の暖かいぬくもりを自分の体で感じることによって心の芯から温まるって、経験したことがあるでしょう。

そんなことなんてできないという抵抗感は、誰にもある。でも、ちょっと考えてみて。セックスをするときは、普通裸でしょう。セックスとは、相手に触りたい、触れていたいという欲望から始まるもの。そして、直接相手に触れるために、二人が裸になる。でも、どうしてセックスをするときだけ裸になると決めつけるの。この際、セックスをしようがしまいが、関係なし。触れていたいという感覚を大切に考えてみてはどうだろう。要は慣れの問題。始めてみれば、ベッドに裸で入るなんていうのも、そんなに変な感じはしないもの。どうしてもできない人は、毎日、今からセックスをするのだと思い込んで、裸になってベッドに入ってみよう。

二人がベッドの中で、いつも裸で触れ合っていれば、自然に考えて、そこからセックスにつながる頻度が増える。それに、触れ合っているという生理的な刺激が手伝って、精神的にもっと一緒にいたい、もっとお互いに関わっていたいという、相手に対する気持ちが深まっていく。ベッドの中じゃなくたって、彼氏や夫に抱かれていると安心感があるのと同じこと。彼や彼女の愛を感じるといった満足感が、そこにあるから。反対にお互いに抱き合うこともなくなったら、それは愛の終わりを暗示する。

ベッドや布団の中では、夫や妻の体で自分が気に入ったスポットに触れて寝てみよう。右横を向いて足をぐっと曲げて寝るのが好きだとか、両手を肩のあたりまで上げて、仰向けで寝るとか、腹ばいでないと眠れないとか、誰もが寝やすい姿勢をもっている。そんな二人の寝方の組み合わせを考えると、実に様々。毎日のことだから、そうすることを苦痛と思ったり、面倒くさいと思うようでは困る。だから、二人が互いに心地良いと感じる体勢を組み合わせて、お互いの気に入ったスポットに触れることができるように工夫をしてみよう。右側で、あるいは、左側でという二人の寝る側を変更してみるのもいいかもしれない。そうして、二人のタッチポジションを探し出そう。

夫の体を後ろから抱いて、彼の胸に片手をかけて眠る。妻の体を後ろから抱くようにして、前にまわした片手で彼女の片手を握って眠る。二人とも仰向けで、手をつないで眠る。お互いが反対を向いて、でも、二人のお尻が触れ合った状態で眠る、とか。寝方はいろいろ。二人色のパターンを見つけ出して。夜中に目が覚めて相手から離れていたら、また、触れなおして眠ればいい。

彩と俊彦の場合4

「もう、そろそろ寝る?」俊彦はあくびと伸びを一緒にしながら言った。

「そうねえ」彩はもうすぐ十二時という時計を見ながら返事をする。

テレビでは夜のニュースを流していた。全国版のニュースが終わり、ローカルニュースが始まっていた。今日は特別に重大な事件も起こらなかったようで、どこかで行われた子供のイベントが延々と紹介されていた。彩はリモートコントローラでテレビのスイッチを切った。

彩は俊彦の後を追って、リビングルームの電気を切って、廊下に出る。隣にある洗面所から出てきた俊彦が、歯磨き粉をつけた歯ブラシを、廊下に出てきた彩に渡す。俊彦の歯ブラシはすでに口の中に入っている。こんな風にして歯ブラシを渡し合うのは、いつもの二人の習慣だ。歯磨きを終えて、口を漱《すす》ぐ段階になると、洗面台のシンクをいつも取り合うことになった。それでも、二人は毎日それを繰り返した。

シンクを一瞬早く勝ちとった俊彦は、口を漱ぎ終えて、二階のベッドルームへ上がっていく。そして、パジャマをベッド脇に脱ぎ捨て、下着を洗濯物入れに放り込み、裸でベッドに潜り込んだ。一足遅れでベッドルームに入ってきた彩も、着ている物をすべて脱ぎ、裸でベッドに滑り込む。春とはいえ、彼女にはひんやりとしたシーツが少し冷た過ぎる。

「寒い」彩は背中から俊彦に抱きつく。

俊彦は、毎夜、眠くなるまでベッドの中で小説を読む。今夜も、彩が寝る側とは反対方向を向いて、ベッドの上に本を横に立てて読んでいる。

「うう、冷たい」俊彦が体を捩って、読んでいた本をベッドに伏せる。彩が冷え切った両手と両足の先を、彼の胸と足に巻きつけたのだ。

「寒いのよ。仕方がないでしょう。女性は手足が冷えるの」彩は手足を温めるために、その冷たい指と足とで、俊彦の体の暖かい部分を探しまわる。

「僕は暖房機じゃあない。う〜」胸から腹、首、大腿、ふくらはぎと、彼女が動かす冷たい手足に、俊彦がじっと耐えている。

「ねえ、ちょっと暖かくなってきたでしょう」しばらくして、彩は自分の頬に手を置いて、肌の温度に近くなってきたことを確認する。

「なあ、冷たい手足を僕にくっつけるのはやめてくれよ。僕だって寒いんだから。特に、お腹や胸にくっつけられるとたまらないんだよ」ベッドに伏せた本を再び開いて横に立て、反対を向いたまま俊彦が言う。

「うん。わかった」と彩。

「また、返事ばっかり。いつも同じように、冷たい手足をくっつけてくるくせに」俊彦は何度言っても同じことを毎晩繰り返す彩に呆れ返っている。

「ふふふ」彩が笑う。わかったと返事をしておきながら、特別、やめなければいけないという必要性を感じていない。間違いなく、明日も同じように俊彦からそんな風に言われるだろうと予期している。

彩よりも若干体温の高い俊彦のおかげで、しばらくすると、違った方向に向けて足を伸ばしたり、寝ている場所を横に移動しない限り、二人のベッドの中はすっかり温まった。

「ねえ、ねえ、今、どこを読んでるの?」反対側を向いている俊彦を後ろから抱くようにして、彩は温もった指で彼の胸をいじりながら、読んでいる本について聞く。

「今、まだ、最初のほうだよ。主人公が街の地図を作ろうとしているところ」俊彦が答える。

「どんな街だったっけ」彩は同じ本をすでに読み終えていた。

「変な街だよ」

「変って、どんな風に」彩はどんな内容だったのか記憶をたどろうとする。

「ねえ、どんな風に」返事をしない俊彦に彩は繰り返して聞く。

俊彦からの返事はない。真剣に本に読みふけっているのだろう。彩はそっとしておくことにする。

彩は俊彦のお尻が大好きだった。ぷるるんとしているのに締まっているお尻。適度に脂肪があって、体のほかの部分が暖かくても、そこだけがちょっと冷たい。彼女は、お尻を二、三度つまんでみる。微妙に硬くて、つまんでいる指のほうが疲れる。それから、体を俊彦に寄せ、腕を前に回して、彼の胸を大きくなでる。そしてゆっくりと腹に手を下ろし、丸く円をかくようにしてさする。ぬくもりが手のひらから伝わる。いつものことだから、俊彦はそんな彼女を無視している。やがて、疲れた彩は、彼に体を寄せたまま、腕を彼の胸にもどして、じっと動かなくなる。

もうすぐ午前一時だろうか、枕元の電気を切って、俊彦は自分の胸に回された彩の手をそっと握って、目を閉じる。

夫や妻とその両親とのつきあい

これだけは覚えておいて！　あなたが結婚をしたのはあなたの夫や妻。その家族や親戚一同じゃないってこと。あなたにとって一番大切で身近な人は、夫であり妻。あなたが守るべきものが何なのかをしっかり見定めておいて。理論的に筋が通っていない場合を除いては、しっかり妻や夫の側につこう。自分の親をたてて、妻を置き去りにするなんてもっての外。それでなくても、妻は夫とその両親の間に入ると、自分が異質な存在であるとひしひしと感じているものなのだから。

小さい頃から、何だかんだと言いながら、笑って、泣いて、怒って、叱って、辛抱強く育ててきた我が子がかわいいのは、どこの親にとっても同じこと。何が悪いというわけでもなくて、それは当然の心情。親にとってみれば、いくつになったって子供は子供なのだ。そこにもってきて、息子が選んだ相手とはいえ、外から来た女性が突然、自分たちをさしおいて、かわいい息子の一番身近な存在になってしまうのだ。どんな女性でも、夫の両親とまったく同じ考え方や行動をとることはまずないし、その家族の中で育ってきたわけではないのだから、その行動や考え方には何かにつけて〝差〟が出てくるのは自然の成り行きだ。その差を両親はとにもかくにも問題にして、女性を無理やり家族のやり方に従わせるように努力する。そして彼女がそれをできないときや、しないとき、両親は女性について文句を言うのである。うちではいつもそうしてきたんですけど、息子もそうしてきましたけど、なんて。もちろん逆に、娘をもつ両親が娘の夫に同じように振舞うのもご承知のとおり。そんな親の心情とやり方はどこでも見かけることだろう。ただ大切なのは、そんな様子を目にしたとき、あなたの態度次第で、妻や夫は家族の中で違和感を覚え独りぼっちにもなるし、あなたからの強い愛を確認する機会を得ることにもなるってこと。そんなことから二人の結婚にヒビが入るなんてことは、テレビや映画の世界だけじゃあない。

夫の両親が妻へ攻撃をするとき、世の中にはどんなタイプの夫が存在するのだろうか。

タイプA……妻の言い分には耳をかすことなく、両親と一緒になって、家族のやり方を一方的に進めたり強制したりする。両親をたててくれよ、なんて言ったりして。両親崇拝型

タイプB……仕事が忙しいのか、面倒くさいのか、それともそんなことどうでもいいと思うのか、自分の両親が妻に何を言おうと、また、何を強制しようと、まったくといっていいほど関知しない。妻と両親の会話にも入らない。無関心型

タイプC……結果的にはタイプBに似ているが、その理由は無関心からではなく、両親と妻との間で何かが起こると、そういった嫁と舅姑間のもめごとには巻き込まれたくないと逃げようとする。逃避型

タイプD……ケース・バイ・ケースで両親の言っていることが正しいのか妻が言っていることが正しいのか、第三者的に判断して両者に対処する。冷静判断型

タイプE……家族のやり方や考え方を押しつけようとする両親を一歩押し返して、常に妻のサイドにたつ。妻大切型

あなたの夫はどのタイプ？　妻の立場としてはタイプEが理想的。欲を言えば、タイプDの素質をもっている賢い夫であってほしいなんて思いながら。冷静に判断した上で妻を立ててくれるなんて、ちょっと贅沢かも。でも、テレビドラマや映画を見ても、近所の話を聞いても、そんな夫なんてあまりお目にかかることがない。どうして？

とにかく、そんなお互いの親からの〝うちではこうしてますけど〟攻撃に対して、自分の夫や妻を守ってほしい。夫や妻はあなたの一番大切な人なのだから。

美智子と啓介の場合4

「これ、見てみてくれる？」ダイニングルームで新聞広告に目を通していた美智子に、仕事から帰ってきた啓介は分厚い大型サイズの封筒を手渡した。封筒には何冊かのパ

ンフレットが入っていた。

銀行に勤める美智子は、友達が開いた飲み会で知り合ったコンピュータ関連会社に勤める啓介と、二年間の恋愛期間を経て五年前に結婚した。美智子は結婚して間もなく妊娠し、長男、慎二が生まれた。妊娠した時点で、彼女はそれまで勤めていた銀行を退職した。啓介が、彼女にしっかり子供を育ててほしいと言ったのと、つわりが比較的ひどかったので、無理をしてまで働きたくないという気持ちがはたらいたからだった。

「何これ。○○大学付属幼稚園入園案内書」一番上にあった見出しを声に出して読んだあと、美智子は視線をパンフレットから俊彦に移した。

「いや、今日、うちのおふくろがちょうど仕事が終わるころ会社にやって来て、この案内書を持ってきたんだよ。慎二も来年は幼稚園に入るだろう。この付属幼稚園に入っておくと、エスカレーター式で付属の小学校、中学校、高校に行けるらしいんだ。それに、そうすると○○大学に入学できる確率が、他の高校から行くよりもずっと高いらしい。この幼稚園に入るには、もちろん試験があるんだけど、今のうちなら、高校や大学で受験するよりもずっと簡単らしいし」啓介は何冊かあるパンフレットのうち、幼稚園、小学校、中学校、高校、大学と、付属校の全体チャートが図式化されたページを開いて美智子に見せる。啓介の母親も、このページを開いて説明をしたのだろう。

パンフレットに、折り返したマークがくっきりとついている。

美智子は何も言わずに、パンフレットに目を落としている。

「なっ。うちのおふくろも、慎二のことをしっかり考えてくれてるんだ」美智子のはっきりしない表情を読んで、啓介が続ける。

「どれだけ受験地獄がひどかったか、ミッチだって自分の大学受験前を覚えているだろう。僕なんか、たいして有名な大学に入ったわけじゃないけど、大学受験のときのあの塾通いと、睡眠不足で勉強したつらい思い出は忘れないよ。どれだけ逃げ出したいと思ったことか。慎二がその年になる頃には、受験地獄ももっとエスカレートしているだろうし。慎二のためだって、おふくろが言うんだ」

「幼稚園に入るために受験だなんて。本当に必要なことかしら」美智子がやっと口を開いた。

「慎二のためにって、おふくろが考えてるんだよ」

啓介の言葉に〝おふくろ〟という言葉が、すでに四回も出てきた。

「あなたはどう思っているの。今、慎二をその幼稚園に入れた方がいいと思ってるの？」美智子の口からトゲのある言葉が出る。

啓介の両親の忠告や提案に対して、美智子は自動的に懐疑心と反感をもってしまう。啓介との結婚が決まってから、何かにつけて、彼の両親の意見が尊重されてきた。特に、母親の。最初は、自分たちのことを親身になって考えてくれていると好意的に受けとめていたが、何かにつけて、こうしてはどうか、ああするべきだ、そんなことをするなと言われ続けているうちに、反発のほうがどんどん膨れ上がってきた。二人の結婚式だって、式場から料理、引き出物の選択まで、ほとんど両親に言われるがままにことが運ばれてしまった。どうして、彼と美智子の家庭のことに、そこまで首を突っ込んでくるものかと今更のように考える。

啓介には、他に兄と弟がいる。両親にとって啓介は真中の息子ということになる。長男は、結婚して千葉に住んでいる。奥さんの両親のたっての願いとかで、彼女の実家に比較的近いところに住んでいる。三男はまだ独身で、福岡にある食品会社で働いている。彼の両親が言うには、目下のところは別居をしているが、長男夫婦に代わって、啓介と美智子が将来的に啓介の両親と同居をする予定になっているのだそうだ。そんなこんなで、まだまだ子供でふらふらしている三男を除いて、長男の家には奥さんの実家の影響力が強いので、今のうちから、啓介の家庭はしっかりこっちで掴んでおこうということなのだろうか。

「どう思うって、いいと思うから今こうして話してるんじゃないか」啓介はせっかくいい話をもってきたのにとばかり、不服そうに答える。

「私は反対。どうして、三歳や四歳の子に試験を受けさせてまで、その幼稚園に入れなきゃいけないっていうのよ。前に新聞で読んだけど、どこかの子供が有名私立の幼稚園に入園する試験にパスするためだって、夜の九時まで授業がある塾に毎日通わされてたのよ。そんなこと、慎二にはさせたくないわ」美智子は分厚いパンフレットを閉じて、啓介に強い視線を返す。

「そんな塾になんて通わせなくたっていいよ。ミッチがちゃんと家にいるんだから、それなりのテキストブックを買うなりして、君が教えればいいじゃないか。それに、幼稚園の試験なんだから、難しい数学の問題なんかを聞いてくるわけでもあるまいし。子供として常識的な知識を聞いてくるぐらいの話だろう。ミッチならそれぐらいちゃんとできるよ」母親の勧めるように、啓介は慎二がその幼稚園に入園するのを間違いなく賛成している。

「それに、この私立の幼稚園から小学校、中学校へと進むのに、どれだけ費用がかかると思ってるの。公立の学校に行くのに比べて、かなり高いんじゃない？　私達にそんな余裕があると思う？」美智子は、反対する理由を探す。

「費用のことなんだけど、このページに書いてある。一応参考に、小学校以降の費用や経費についても、おふくろが情報をもらってきてくれたんだ。ちょっと見てくれ」

啓介は図式化された付属校の全体チャートの載ったパンフレットの一番終わりあたりに差し込んであった、今年度の幼稚園の入園費用と経費と書かれた冊子を取り出して開いた。啓介の母親が手に入れた小学校、中学校、高校、大学別に記入された入学費用と経費の冊子も入っていた。

「まあ、ミッチのいうとおり、これは私立だからね。間違いなく公立の学校へ行くよりも高いよ。でも、いろいろなレベルの子供が行く公立の学校で勉強することを思えば、この付属に入っていれば、生徒のレベルがそろっていて、先生だって教えやすいだろう。結局、勉強したことが子供の頭にしっかり入るんだそうだ。学校では小さい頃から、家でちゃんと予習復習をする日課を教えるそうだから、塾通いも少なくてすむ。家でその予習復習をやっているだけで十分なぐらいにきちんと教える自信があって、今の生徒でもそうしている子たちが、間違いなく入試にパスして上の大学に入ってるっていうし。下手に公立の学校なんかにやって、塾通いをたくさんさせるようなら、そっちの費用のほうが高くなってしまうじゃないか。それに、この私立校、かなり自信をもって教えてるみたいだし、学力もつくみたいだよ」その幼稚園で説明を受けたとおりに母親が話した内容を、啓介はそのまま受け売りのように美智子に伝える。

「ちょっと、待ってよ。学校側が言うことはわかるけど。でもそれ本当なの。現実と理想とをごっちゃにしてるんじゃない?」美智子の声が高くなる。

「ミッチ、どうして君はうちの〝おふくろ〟が言うことにいつも反対するんだ」啓介がまたおふくろという言葉を出して、不愉快そうに言う。

「別に、あなたのお母さんが言うから反対してるわけじゃないけど……」彼の指摘に、少しばかり美智子の心の奥が濁る。彼の言うことは正しいのかもしれない。でも、彼の口からおふくろという言葉が連発されることには飽き飽きしている。だからと言って、それを啓介に言えば、その提案が母親から出されたものだから反対していると思われてしまう。だから言えない。

「どうして、啓介はお母さんから言われることだと全部従うの？」美智子は高まる気持ちを抑え、落ち着くように自分に言い聞かせながら、啓介に尋ねる。

「何言ってるんだよ。いつ僕がおふくろの言うことを聞いてるっていうんだ」啓介は気づいていないのかもしれない。

「だって、いつだってそうじゃない。お母さんが私に何か言うと、すぐにそれを後押しするじゃない。私の言い分なんて全然聞かないんだから。お母さんが言うことは全部正しくて、違ったことを考える私はまるで全部間違ってるみたい。慎二の幼稚園だって、私たちの子供のことよ。お母さんには放っておいてほしいわ」

「放っておけるわけないじゃないか。慎二はおふくろたちにとってかわいい孫なんだよ。慎二や僕たちのことを考えてしてくれてるんだ。ありがたいことじゃないか」

「それは、わかるけど……」啓介の母親からの提案だから反射的に反対しているのだろうか。自分を肯定する理由を彼女はしきりに探す。

「ただ、もっと冷静になって、費用や経費について考えてみる必要があるんじゃないかって、ただそれだけ。私たち、慎二を公立の学校にやった場合で、いったいいくらぐらい費用がかかるのかも知らないじゃない。啓介さん、今の子供が週に何時間ぐらい塾に行くのか知ってる？　私は知らないわ。そんなところから調べて、金銭的にこの私立の付属校に慎二を通わせることができるかを、まず考えてみない？　それから、公立校よりも、その私立の付属校が慎二にとっていいことなのかを決めたらどうかしら」

美智子の胸の中でどうしても引っかかっている啓介の母親の像。啓介にとって美智子は一番身近にいるはずなのに。時々それを疑う。啓介は、美智子のことをどう考えているのだろうかと。誰かの意見に従うというのと、誰かを大切に思うということはまったく違ったこと。それは美智子にもわかっている。でも、彼女が何を考えているのか聞きもしないで、一方的に母親の意見を後押しばかりするというのには、どうしても納得がいかない。

何となくさみしかった。

朝食を一緒に

朝食は一日のスタート。夕食も二人でちゃんととってほしいけれど、朝食だって同じ。大切な時間。ご飯と味噌汁、卵焼きの朝食だろうが、コーヒーだけで済ませてしまう朝食だろうが、朝食は夫や妻と一緒にとろう。

忙しい毎日、朝食に費やす時間は限られているかもしれない。長距離通勤をしているとか、不規則勤務をしているとか、二人がまったく違う仕事パターンや生活リズムをもっているとか、いろいろな理由がある。毎日が無理なら、週に数日だけでもいい、週末だけでもいい、何とかうまく時間を合わせて二人が一緒に朝食をとる時間をつくるようにしよう。

あなたのうちの朝食はどんな風？　夫はだんまり、新聞から顔を上げない。妻は忙しく子供の弁当を作っている。そのうち時計を見て、夫は新聞をたたんで立ち上がり「じゃあ、行ってくる」と玄関に向かう。どこにもありそうなシーンで、ドラマにだってなっている。あなたのうちの朝食がこんなのでなければいいけれど……。

せっかく朝食の時間をともにするのだから、顔を見合ってしっかり話をしよう。今日の予定は？　どこに行って、何をするつもりなのか。仕事の帰りはいつ頃になりそうか。それに週末の予定をたてるとか。話すことはたくさんあるはず。新聞を読むのも大切なことだけれど、それは二人の会話の合間にして。

子供にとっても朝食の時間は大切なもの。特に毎日帰りの遅い父親や母親をもつ子供にとっては、朝食時が父親、母親との唯一のコミュニケーションの場になったりする。話もせずに同じ朝食の席についているというだけでは、子供と顔を合わせる時間がないよりはましだろうけれど、子供の満足感にはつながらない。顔を見合って、子供に声をかけよう。そして子供の話に耳を傾けよう。子供のはしゃいだ声は、間違いなく二人の一日を明るくスタートさせてくれる。

短いからといって、朝食の時間を軽視しないで。朝食を通して、夫婦や親子、家族の絆を強くできるのだから。家族みんなで予定をたてたり、連絡をし合ったりする朝食の時間を大切にしよう。

彩と俊彦の場合5

「おはよう」眠そうに目をこすりながら、俊彦はパジャマ姿でキッチンに入ってくる。

「おはよう。よく眠れた？　もうすぐ朝食ができるから着替えてきて」一足早く起きてキッチンで朝食の準備をしていた彩は、俊彦の声を聞いて振り返る。

うしろでは彩がスイッチを入れたステレオから、滑らかなクラシック音楽が流れている。

俊彦が顔を洗い、ヒゲをそって、背広に着替えてダイニングルームにもどってくるころ、彩は朝食の準備を終え、テーブルにトーストと野菜サラダを並べた。

「はい、コーヒー」俊彦の顔を見てから、彩はマグカップにコーヒーを注いで差し出す。

「どうも」俊彦が頭を軽く下げた。

「今朝、目覚まし鳴ったの聞こえなかったよ。いつ彩がベッドから出たのかも知らないぐらいなんだ」俊彦はマグカップを口元に近づけて、何度か息を吹きかけて冷ましてからコーヒーを一口飲んだ。コーヒーから熱い湯気がたちのぼっている。

「俊彦さん、昨日随分飲んで帰って来たからでしょ。飲んだ日の翌朝は体がだるいから」彩も自分のマグカップにコーヒーを入れて、俊彦の向かいに座った。

「僕、そんなに飲んでたのか?」俊彦はまじめな顔をして聞く。

「うん。ちょっと呂律《ろれつ》が回ってなかったわよ」彩は笑って答える。

「そうか。夕べは何軒かハシゴしたからな」俊彦は頭を掻く。そして、フォークでサラダをつつく。

「今日も遅くなりそう？」トーストを二口かじってから、彩は尋ねた。

「いや、そうでもないと思うけど」俊彦もトーストをかじる。

「そう……。私は、ひょっとしていつもより遅くなるかも。今日は午後の四時から会議が入ってるのよ。うちの部長が参加する予定になってるんだけど。彼が参加するときって会議が長引くのよ。下ごしらえみたいな感じで、私達今までいろいろ話し合いをしてきてるんだけど、そのときには全然出席しないでおいて、もう最終段階っていう今日のような会議になって参加してきて、今まで私たちが話し合ってきた内容を繰り返して聞いてくるのよ。まったく、時間の無駄って言うか……。でも彼も時間がないから、全部の会議に出席するわけにもいかなくて、仕方がないのかもしれないんだけどね。とにかく、そんな感じだから、いつものように会社は出られないと思うの」

　彩は嫌になっちゃうとばかりに肩をわずかに上げて、小さくため息をつく。そしてまた、コーヒーを一口飲む。

「OK。じゃあ、今日は久しぶりに僕が辛～いカレーを作ってやろうか」俊彦はトーストを食べ終え、サラダにかかっていた。飲み過ぎた次の日にしては、食欲がある。

「ずっと前に作ってくれたみたいなの？」彩はトーストの皿から顔を上げる。

「そう、僕特製のインドカレー」俊彦は誇らしげに彩の顔を見返す。

「うん、いいわねえ。スパイスは前に揃えたのがまだあると思うけど、野菜と肉はあったかしら。材料は何が必要？」

「ちょっと冷蔵庫を見てみるよ」俊彦は立ち上がる。

「う～んと、鶏肉ないよな」冷蔵庫を調べたあと、俊彦は冷凍庫を開けて中をごそごそと探す。

「うん。鶏肉はないと思うわ」サラダを食べていた彩はフォークを置いて、振り返る。

「そうだな。それと、野菜は……」啓介は冷凍庫に鶏肉がないと確認すると、再び、冷蔵庫を開けて、野菜の入っている引き出しをチェックする。

「玉葱とジャガイモはあるからOK。アッ、そうだ。生姜がないみたいだな。鶏肉と生姜、仕事の帰りに駅の近くのスーパーに寄って、買って帰るよ」俊彦は冷蔵庫のドアを閉めて立ち上がる。

「ありがとう。もし会議が早く終わったら私もすぐに帰るわ。そうしたら、携帯に電話を入れるわね。駅で待ち合わせができるかもしれないし。そうしたら、一緒にスーパーに行けるしね」彩が声を弾ませて言う。

「了解」

「もう少しコーヒー飲む？」彩はそう言って立ち上がり、ポットに残ったコーヒーを俊彦のマグに注ぐ。

「ありがとう。そのぐらいでいいよ」俊彦はマグに半分ぐらい入ったところで、彩を制した。彩は残りを自分のマグに注いで、ポットを空にした。

そのあと、昨夜俊彦がハシゴをした居酒屋やバーの話をして、朝食の時間が過ぎていった。

同じ会社で働く俊彦と彩。七時三十分、いつものように一緒に家を出る。同じ駅に向かう多くの通勤者に混じって、二人はインドカレーの話をしながら足早に歩いた。

仕事に行く前に必ずＨｕｇ

どちらかが、あるいは両方がどこかに行くために一時的に別れるとき、必ずＨｕｇ（抱きしめる）しよう。そのとき、頬にでも額にでも唇にでも、どこでもいいから、軽くキスをするのも忘れないこと。夫から妻から、どちらが先行しようとかまわない。それを習慣にしてしまおう。仕事に出かけるとき、ショッピングに出かけるとき、親戚や友達の家を訪ねようと外出をするとき、二人が離れ離れになるときには、いつもＨｕｇ　Ｈｕｇ　Ｈｕｇ。もちろん、どこからか帰って来たときにも、Ｈｕｇをお忘れなく。

いってらっしゃいと声をかけて、Ｈｕｇとキス。映画の世界ではお決まりのシーン。いろいろな映画を見ていて気づいた人もいるだろう。お互いの気持ちが離れてしまったり、どちらか一方が浮気をして仲が悪くなっている夫婦の場合、朝、仕事に行く際にもお互いの顔を見ないとか、視線を合わせないとか、冷たくなった関係が状況を変えて様々に表現される。逆に、仲がいい夫婦を表現しているシーンでは、朝仕事に出かけるとき、夕方仕事から帰ったときには必ず挨拶のように軽く抱き合ってキスをする。職業なんて関係ない。家の近くの農場で働く夫を送り出したり、ダウンタウンで働くカップルがそろって家を出たり、一足先に子供を幼稚園に連れていく妻を見送ったりと、状況はいろいろ。軽く抱き合ってキスをするシーンで、二人の間に暖かな感情が流れているのを感じることができるでしょう。そのシーンは決して映画用に作り出された特別なものではない。

心のこもらない形式的な会話。「行ってきます」も「いってらっしゃい」の声も掛け合わない一日のスタート。そんな感じでそれぞれが仕事に出かけるなんて。二人の気持ちがつながってるって、どうやって感じることができる？　夫婦の気持ちが冷めてしまっているから、そうなるのか。それともそんなふうにするから冷めてしまうのか。鶏が先か、卵が先か……。

それは人間の心理を素直に表現していて、とても自然なこと。あなたもＨｕｇとキス、やってみて。自然に気持ちが落ち着くから。あなたの夫や妻をもっと身近に感じるから。夫や妻を自分のものと実感できるから。そんな感覚からくる満足感は、間違いなく二人の関係にポジティブに働く。Believe me!

これから結婚という人。まずは、最初が肝心。新婚最初の日、第一日目から始めること。その日を逃すと、どうしても思い切れなくなってしまうから。その日、何が何でもＨｕｇをする習慣をスタートしよう。

では、第一日目を逃してしまったら……。まだまだＯＫ。何せ新婚なのだから、いつ何を始めてもおかしくない。二人はまだまだ暖かムードの中にある。映画のシーンを真似ているかのように、じゃれてでも始めてみよう。Ｈｕｇとキス。

もうすでに結婚して長い人。今更何をなんて思わない。明日から始めよう。面の皮を厚くしてでもやってみよう。夫が何と言おうとかまわない。妻が何て思うかなんてかまわない。あなたがそうしたいのだから、暗示をかけてＨｕｇしよう。

どうしても思い切れない人や、何かの理由や条件がないとどうしてもできないという人は、誕生日や結婚記念日を区切りにしてみたら。その日、相手が怪訝な顔をして突き放そうとしてきたら、今日は私たちの十五年目の結婚記念日だから、と言ってさらに強く抱きしめてみよう。そういった理由があるだけでＨｕｇしやすいというなら簡単なこと。そこからスタートしよう。

突然、抱きしめられて、キスされて。悪い気はしないんじゃない？　だって、愛されてるって体で感じるから。年齢なんて関係ない。結婚して何年経ったかなんて関係ない。いくつになったってＨｕｇをお忘れなく。愛して、そして、愛されてるって感じるために。

美智子と啓介の場合5

玄関の郵便受けから取り出した新聞を脇に挟んで、台所に入ってきた啓介がダイニングテーブルに腰掛ける。長方形のテーブルのリビングルーム側が彼の席。無言で座る。テーブルには、トーストののった皿が二つ、啓介の席とその反対側に置いてある。美智子がコーヒーを入れて、啓介の前に置く。

「今日は何時ぐらいになるの？」トーストをかじりながら、新聞に目を落としている啓介に聞く。

「うん。いつもと同じ」啓介は、〝日本経済の転機を待つ〟という見出しの社説のラインを追う。

「また、遅いの。本当に残業ばっかりね。また、誰かと夕食をとるの？」啓介の前に座って、トーストに手を出す。トーストはすでに冷えている。彼女は、最近〝また〟という言葉を頻繁に使うことに気づいている。言っても仕方がないと思いながら〝また〟と繰り返してしまっている。

「たぶん」

「じゃあ、私が幼稚園に慎二を迎えにいった帰りに、遠足の買い物をしてくるわ」

慎二の遠足が間近になっていた。買い物には啓介と一緒に行きたかったので先延ばしにしていたが、遠足はもうそこまでやってきていた。

かじったトーストが口の中でねばりつくように感じられる。

「ねえ、たまには、慎二と一緒にいる時間をつくってよ。あなたが帰って来る時間には、いつも寝ちゃってて。もうすぐ父親の顔を忘れてしまうわよ」美智子は真面目な顔を啓介に向ける。

「うん」啓介の右手は、トーストとコーヒーの入ったマグを交互に持ち上げる。反対の手は新聞の上だ。

「うん、うんって。私の言ったこと聞いてるの?」新聞から顔さえ上げない啓介に、美智子は不愉快になってくる。

「聞いてるよ。仕方がないだろう。仕事なんだから。僕の仕事は、時間外のイベントに参加したり、人に会ったりすることが多いんだから。君だって知ってるだろう」啓介はわずかに顔を上げて不機嫌そうに答える。

「仕事、仕事って。仕事と言えば、何でも優先されると思って。慎二が私立の付属幼稚園に入園できなかったことだって、あなたがちゃんと慎二に接していてくれたら、受かっていたかもしれないのよ」美智子の胸の奥に淀んでいたものがこみ上げてくる。

「何、言ってるんだよ。慎二に教育するのは、君の役目だっただろう。君は専業主婦で時間があるんだから。慎二が入園試験に落ちたのは、僕のせいじゃないよ」啓介はそう断定的に言って、時々そうするように、マグから音をたててコーヒーをすすった。

美智子の耳にはその音が、嫌な雑音として響いた。

「じゃあ、慎二が入園試験に落ちたのは私のせいだって言うの?」

「別に、君のせいだって言ってるわけじゃないだろう」

「じゃあ、何だって言ってるのよ。あなたのせいでもないし、私のせいでもないとしたら、一体誰のせいだって言うの?」美智子の声は尖る。

「まあ、落ち着けよ。今になってそんなこと言ったって、どうにもならないだろう。入園試験に落ちたっていう現実は、どうにも変えようがないんだからな」まったく朝からこんな会話はよせよとばかりに、不機嫌そうに啓介は美智子を見返す。

「私は、試験のことだけを言ってるんじゃないの。一般的なことを言ってるのよ。啓介ったら、何もわかってない」美智子の胸の中には言いたいことが渦を巻いていた。でも、どこからどのように話していいのかわからない。言葉にならない暗く不安定な感情が彼女にのしかかっていた。

「何がわかってないって言うんだ」啓介は新聞を読むのをやめてたたんだ。そして立ち上がると、冷めたマグを電子レンジに入れて、コーヒーを温め直した。

「全部よ。全部。結婚した当初は、いつも遅くとも七時ごろまでには帰って来てくれたじゃない。慎二が生まれたときだって、あんなに喜んで、いつも私にやさしくしてくれてたのに。今は、私たち、笑って話をすることもないじゃない。私のことなんてどうでもいいみたい」美智子はテーブルの一点を凝視している。啓介はレンジの前、彼女のうしろに立っている。

「あのころ、僕は若かったたし、大きな仕事を任されることも少なかったからね。家にも早く帰れたんだ。今じゃあもう中堅のポジションに入るようになったから、大きな仕事を任されるんだよ。仕方がないだろう。君が何を言いたいのかよくわからないけど、今夜も早くは帰れそうにないと思うよ」そう言うと啓介は、さらに続けた。「週末には、慎二と遊ぶ時間をつくるよ」

啓介は美智子の質問に答えただけで、どこにも会話として矛盾はなかった。でも、そんな返事を聞きたかったわけではないと、美智子は心の中でつぶやいた。ただ、美智子が言いたかったことがうまく言えなかった分、彼から返ってきた返事に満足することができなかった。何かがずれてしまっている。

美智子は啓介がすっかり変わってしまったことを、啓介自身がどう考えているのかが知りたかった。仕事が大切なことは、彼女にもわかっている。それに、家族が大切だからといって、仕事を投げ出したり、中途半端にすることなんてできないということもわかっている。でも、何かが欠けているような気がしてならなかった。

慎二が有名私立の付属幼稚園に入園できなかったときだって、啓介はそうか、と言っただけで、それ以上何も言わなかった。まるで他人事のようだった。美智子は試験に備え、できるだけの資料を取り寄せて、必要だと思われることについて、毎日時間をかけて慎二と一緒になってあれやこれやとやってみた。小さな子供には、いろいろな体験こそが毎日の勉強になると聞いて、一生懸命やったのに。それなのに、慎二は試験に落ちた。啓介の実家からは、彼女がちゃんと教育をしなかったからだと決めつけられ、厭味も聞かされた。結果を知らされた日の夜も、啓介の帰りは遅かった。美智子は一人で泣いた。

あれほど慎二を入れたがっていたのに、落ちたと知った途端、啓介はその幼稚園について一言も言わなくなってしまった。

「慎二まだ寝てるのか、そろそろ起こさないと幼稚園に遅れるんじゃないか」啓介は腕時計を見ながらもらした。

返事をすることなく、美智子は自分の食べかけのトーストとほとんど口をつけていないコーヒーを流し台まで運んで、慎二が寝ている二階へと階段を上る。そのうしろで、啓介は椅子から立ち上がる。読みかけの新聞を玄関前に置いたブリーフケースのサイドポケットに差し込み、そろえて置かれた黒い靴に、靴べらを使って足をとおす。

慎二をベッドから起こして、服を着せようとしている美智子は、階下で玄関のドアが閉まる音を聞く。

アフター5の予定はきちんと伝えて

「奥さんに、今夜遅くなるって電話をしているんですか」なんて同僚からからかわれて恥ずかしく思うのは、妻に連絡をするのを義務と思うから。早く帰れそうにないけど、その後どうする、とか、その代わりにどうするっていう感じで電話をすれば、予定作成の建設的な楽しいコールになる。同僚からの言葉にだって、そのあと、二人で飲みに行く予定をしたいんでね、とか、今夜は会社のために時間を使うことになったから、今週末、妻と二人でいる時間を予約したいんだ、なんて気持ちで軽く答えればいいだけのこと。楽しいコールにしてしまおう。それをどうのこうの言う同僚や上司は、妻とうまくいってないのだと、可哀想だと思っていればいい。

外国に駐在する日本人が、同じ会社で働く外国人職員を話の種にしてよく笑っている。うちの部署で働いているやつったら、毎日、五時を過ぎると決まって奥さんに、今日は何時頃に帰れそうだとかって電話をするんだ。まったく、奥さんにへこへこしちゃって、情けないやつだなあ、なんてまわりの日本人が同調し合ったりする。

日本人にとって、帰りの時間をいちいち妻に電話で連絡するのは、奥さんの尻に敷かれている証拠になってしまうわけだ。それなのに、日本では妻が連絡をせずに遅く帰ったり、たまたま妻より先に帰宅しようものなら、夫は何故か不機嫌になったりする。これって矛盾。家に帰ったときに自分の世話をしたり面倒をみてくれる人がいなくて、不便で不自由だから不機嫌になるということなのか。それとも、単純に妻の不在が不愉快に思えてしまうのか。そんなの勝手としか言えない。自分は連絡する必要はないけれど、妻は連絡をしなければ、なんて理屈フェアじゃない。世の中の男性諸君！　妻はあなたの世話人じゃないし、単なる所有物でもない。彼女はパートナーだってことを自覚して。そして、夫婦間で連絡をし合うのは、お互いの時間を有効に使うためだってこと。

電話をするのは、遅くなることについて夫や妻から〝了解を得る〟ことだと考えている人は、そんな考えはさっぱりと捨てて。了解を得るという考えは、早く家に帰れない人が、相手よりも低い位置にいるという前提にたってしまう。低い位置にいる人が高い位置にいる人に、お伺いを立てるという形になるわけだ。だから、遅くなるといって電話を入れること自体が、嫌なイメージを与えることになってしまう。遅くなるという連絡を受けた方も、それを快く受けとろう。嫌な声で「またですか」なんて言うから、相手が連絡をするのを億劫に思ってしまう。

電話をするのは、了解を得るためではなくて、二人の予定を調整するための方法だと考えよう。相手が遅くなるとわかっていれば、いつ帰るのかとやきもきして待ったり、いらない食事を作るのに時間をかけたりする必要がなくなる。かえって、自分の自由時間ができて、相手のことを心配せずに、その時間を有効に使うことができる。連絡をしないのは、自分のパートナーの生活も考えない自分勝手なやり方。相手の立場と生活を尊重していないのだ。

お互いに連絡し合っていれば、二人がそれぞれかかわっている仕事やプライベートなサークルを、両者が理解することにもなる。そうすれば、遅く家に帰っても、いがみあったり不機嫌になって喧嘩することもない。疲れて帰ってきたところに、どうして遅いのよ、なんて文句を言われることもなくなる。ちょっとした電話一本で、気持ちよく帰ることができるし、気持ちよく夫や妻を迎えることができる。

そうは言っても、職場で私用電話――特に妻や夫へ連絡するのはどうかっていう人。職場からEメールを送るというのはどうだろう。メールで送れば、妻や夫にメッセージを送ったのなんて誰にもわからない。あるいは、今や誰でももっている携帯電話を有効に使って。携帯電話なら、廊下からだろうとロッカー室からだろうとトイレからだろうとかけられる。ちょっと息抜きにオフィスの外に出て、電話をかけることだってできてしまう。もし、携帯電話にメッセージ送信機能があれば、短くていいから、遅くなることをそれで連絡しよう。

どんな手段だろうとOK。お互いに予定を知らせあうことを日課にしよう。そうすれば、お互いつながっていると実感しながら、しかも、夫や妻の生活サイクルを尊重することになるのだから。

雄介と妻の場合

「ごめん。今日、遅くなりそうなんだ」

仕事のけりがもう少しでつきそうだという六時半過ぎに、上司から、ちょっと飲みに出かけないかと誘われた。ここずっと帰りが遅かったので家に直行したいと思っていた雄介だが、上司の誘いを断れない。

雄介の家とは逆方向の電車に乗って上司の行きつけのおでんやに到着したのは、七時半に近かった。その朝、今日こそは早く帰って来て、と妻から念を押されていた。仕事の目処がつきそうなことを知っていた彼も、今日は早く帰るからと返事をしていた。今日こそは、という彼女の言葉が頭の中によみがえる。

雄介が席を立って妻に電話をかけたのは、上司とビールの大瓶を二本空けたあとだった。

「あなた、今日こそは早く帰るって言ったじゃない。今どこにいるの。どこかで飲んでいるの?」電話の背後に流れる音楽に気づいて、雄介の妻が不機嫌そうに言う。

「そのつもりだったんだけど。杉山さんがどうしてもって。断れないじゃないか」雄介がちらりと見た腕時計はもうすぐ九時になろうとしている。

「あなた、今日は早く帰れそうだって言うから、夕ご飯を作って待っていたのよ。早く帰れそうにないんだったら、ちゃんと連絡をしてよ」妻は、せっかく夕食を作って帰りを待っていたのに、その努力が無駄になったことに腹が立つ。

「ごめん。そう思ったんだけど、どうしても電話ができなくて」

「どうして、電話一本ができないって言うの」

「どうしてって。ずっと、杉山さんといるのに、こそこそ電話なんてできないよ」

「どうして、こそこそしなくちゃいけないのよ。一本電話をするだけのことじゃない」

「そんな。杉山さんに、これから妻に遅くなるって電話をしてきます、って言えっていうのかい。そんなことできるわけないじゃないか」妻のふてくされた顔を目に浮かべながらも、それだけはできないとばかりに雄介が反論する。

「お腹空いたのに、ずっと待っていたのよ」空腹感がさらに彼女を不愉快にさせる。

「だから、ごめんって謝ってるだろう」電話の横を通る際にちらりと横目で見るおでんやの親父さんと目があった雄介は、受話器を右手から左手に持ち替えて、壁側に体を寄せて下を向く。終わりに向けて彼の声が小さくなっていく。

「だからごめん。謝るよ」親父さんが通り過ぎたのを確認して、雄介が繰り返す。妻は返事をしない。

「もうすぐ帰れると思うよ。杉山さん、疲れてるって言ってたから」

「あなたはどうなの。疲れていないの?」上司の都合ばかりを考えている雄介を、妻は情けなく思う。

「そんな、僕から帰りましょうなんて言えないじゃないか。まあ、もうすぐ帰れると思うよ。多分十時半ごろには」彼はもう一度腕時計に目をやる。

「もう、いいわ」彼女はそう言って、雄介の返事を待たずに受話器を置く。そそくさと上司のもとに戻っていく雄介を想像しながら。

冷たくなって硬くなった焼き鮭に、お腹を空かせた妻は箸を入れる。茶碗によそったご飯だけが温かく、湯気がゆっくり立ち上っている。

さおりと夫の場合

リビングルームでテレビを見ていたさおりは、廊下を通して、玄関ドアの鍵が回る音を聞いた。遅くなって帰ってきた夫だった。さおりは部屋にある時計に目をやる。もう十分ほどで十二時だ。暇つぶしに見ていたテレビだが、彼女が面白いと思える番組は何もやっていなかった。テレビからは様々な画像と平ったい声とが流れ出ているだけだった。彼女はテレビのスイッチを切る。夫が廊下を歩いてきしむ音が、テレビを消して静かになった家に響く。

「功は？　もう寝たのか」リビングルームに入ってきた夫が、息子について尋ねる。

「もう寝ていますよ。もう夜中ですからね」さおりは、夜中ですから、という言葉にアクセントを置く。

「つきあいだよ、つきあい。仕方がないだろう」夫の逃げ道、いつもの〝つきあいだから〟が出る。

「何のつきあいだって言うのよ。一体どこに行ってたの？」さおりの声が尖る。

「職場に連絡を入れたのよ。あなた、もう職場を出ましたって言われちゃった」

「何時頃の話だよ。職場はいつものように出たんだ。つきあいがあったからね。それで、職場の仲間と夕食をとって、そのあとちょっとバーへね」夫が説明をする。

「職場に電話を入れたあと、すぐに携帯にも電話をしたのよ。七時前だったと思うけど。あなた電話に出なかったわ。どこにいたの？」毎日のように、つきあい、つきあいと言って遅く帰る夫。最初は、仕事が忙しいのだと自分に言い聞かせていたが、こうも毎晩毎晩帰りが遅いと、さおりは自分でも自信がなくなってくる。理由を聞いても、夫はつきあいだからと繰り返すばかり。一体、どんなつきあいを夫はしているのだろうか。家に帰っても、そのつきあいについて、夫は一言も口にしない。聞いても、特別詳しい話をしたがらない。却って夫からしつこいとばかりに、嫌な顔を返されるだけ。

最近、さおりは夫の身辺に何か変化がないか、疑い深くなっているのに気づいている。夫がそのことに気づいているかは、わからない。夫が脱ぎ捨てたワイシャツや洋服ダンスに掛けられた背広に何かしるしが残っていないか、女性の匂いが染みついていないか、丹念に調べる。女性の影をどこかで探している。

息子の功のことも、さおりに任せっきり。息子と顔を合わせるのは、せいぜい週末だけ。教育についても、何も言わない。最近は、週末、三人で食事をするときも、ふと気づくと、話をしているのはさおりだけということも。結局、ろくな返事が返ってこない夫を無視して、さおりは功と話をすることになってしまう。その功すら、最近では、友達に興味を示して、さおりをうとましく扱うことが多くなってきた。

さおりは、何となく満たされない気持ちの中にいた。

「七時ねえ。携帯が鳴ってるなんて気づかなかったなあ」本当に聞こえなかったのか、聞こえてもとらなかったのか……。

「私が残したメッセージもチェックしなかったの?」

「メッセージ? 気づかなかったなあ」夫は背広の内ポケットから、携帯電話を取り出して、スクリーンに示された伝言ありのマークに目を落とす。そして、はじめてメッセージに耳を傾ける。

今日は何時に帰るんですか。功のことでお話ししたいことがあるので、今日は早く帰って来ていただけますか、と言ったメッセージが入っていた。

「功がどうしたって言うんだ。何かあったのか」

「何か特別にあったっていうわけじゃあないんですけど。最近、功、私から声をかけても返事をしないことがあるの。何か変な方向に走らなければいいんだけど。そのことがちょっと心配だったから、あなたと話がしたかったの」

「そんなことか。大丈夫だよ。功ぐらいの年になれば親が言うことなんて、どこの子供も無視をするものさ。そんなもんなんだ。そんなことぐらいで電話をするなよ。電話は緊急の時ぐらいにして欲しいね」まるで電話をしたのが悪いことであるかのように夫は言う。

「そうかしら……。功が非行になんて走ったら困ると思ったから」

「君は心配し過ぎなんだよ。何でもそうなんだから。それを敏感に感じて、功がどうにかなってしまってるんじゃないのか」悪いのはさおり。夫の言葉は彼女を責めるように響く。

「そんな、ひどいわ」私の気持ちなんてわかってくれてない。悔しさと悲しさで、さおりの目が潤む。

　功のこと、どうして夫は帰りが遅いのか、いつもどんなつきあいをしているのか、つきあいの方が家族よりも大切なのか……様々な思いがさおりの胸をよぎる。

もともと何が問題で、何がどうなって、今功のことを話しているのか。さおりは頭の中が混乱してしまっている。ただ胸の中にわだかまっている何かを、どういった言葉と形で表現すればいいのか、彼女にはよくわからない。その感情とわだかまりを心の中にしまっておくことができなくて、コントロールが効かなくなっている。

「明日も早いから、もう寝るよ」彼女から目をそらして、疲れたように夫が言う。

「ちょっと、待ってよ。まだ話が終わってないのよ」さおりは彼を引き止める。

「もう、疲れたからね。寝るよ」彼はさおりを無視して、逃げるようにさっさと寝室に引き上げていく。

いつものパターンだ。夫はさおりと決して最後まで話をしようとしない。いつまでたっても、彼女の気持ちが晴れることはない。むしろどんどん暗く曇っていくばかり。

リビングルームに残されたさおりは、何も映っていないテレビのスクリーンをしばらく眺めている。

辰夫と妻の場合

「今日は七時には帰るって言ったじゃない」

家に着いて、玄関先で辰夫が、脱いだ靴をまだそろえているときだった。声の調子から言って、妻はお冠のようだ。

「ごめん、電話できなくて。もう、九時なんだね。八時には職場を出たんだけど」辰夫は妻の声がしたキッチンに入っていく。

「ごめん。お客さんの事務所を出たのは、いつもより早かったんだけど、一応、職場に帰って報告しておかなくちゃいけないことがあってね。ふと、気づいたら八時だったんだ。電話なんかするよりも、電車に飛び乗ろうと思って、あわててオフィスを出たんだけど。駅までは同僚が一緒だったから、電話ができなくて。それに電車の中では携帯使えないだろう。うちの駅に着いてからは、電話なんかかけてるより帰ったほうが早いし。そう思って、結局電話をしなかったんだ。ごめん」辰夫は軽く頭を下げて妻から許しを請う。

「本当かしら。携帯ですら、電話できないなんて」台所で洗いものをしている妻は、シンクから顔すら上げない。

「だから、ごめん。電話しようと思ったんだけど、できなかったんだ」辰夫が謝る。

ごめん、ごめんと繰り返して、あまりにも下手に出られると、不愉快になった気持ちがさらに助長されてしまって、彼女は無口になってしまう。
聞く。
「お腹空いたよ。今夜は何？」辰夫は話を変えて、彼女の横に立ち、今夜のおかずを
彼女からは何の返事も返ってこない。仕方なく、辰夫は冷蔵庫を開けて、おかずを
探す。冷蔵庫には、ラップのかかった焼きサンマとほうれん草のおひたしがひと皿ず
つ入っている。コンロの上には、野菜を炊き込んだスープの入ったなべがのっていた。
辰夫はまだ多少温もりのあるなべを火にかけ、サンマとほうれん草の皿からラップを
はずして、それをダイニングテーブルに並べる。
「ねえ、お茶いる？」食事を済ませたあと、辰夫が妻に聞く。洗いものを済ませた彼
女は、ダイニングルームの横のリビングルームにあるソファーに腰掛けて、雑誌をめ
くっている。
彼女からの返事はない。辰夫はポットからお湯をそそいで、一人分のお茶を入れる。

朝子と夫の場合

「ごめんなさい。遅くなってしまって」キッチンに入ってくるやいなや、朝子が言っ
た。
夫はダイニングルームのお決まりの自分の席に腰掛けて、今日の新聞を広げている。

「電話できなくて、ごめんなさい。帰ろうかっていうときになって、突然、これを編集しなおしてほしいなんて言われたもんだから。どうしても今夜中にしてしまわないと、明日の印刷に間に合わないの」夫は新聞をめくってローカル記事のページに目をやり、彼女を見ようともしない。彼女は持っていた大きなバッグを、空いた椅子に置いて一息つく。

朝子は夫が説明を聞いているのはわかっている。

「いつ帰ったの？　何か食べた？」彼女は立て続けに聞く。

しばらく沈黙があったあと、

「ずっと前」「何も食べてない」間隔を空けて、夫がぶっきらぼうに答える。不機嫌な声。

「今日もあなた遅いんだとばかり思っていたから、私食べてきちゃった。職場で出前をとってくれたの。あなた、何も食べてないの？　まあ」どうしましょうとばかりに、朝子は冷蔵庫を開けて、何か簡単に作れそうなものはないかと材料を探す。

ありあわせの野菜を刻んで炒め、卵でとじる。豆腐をパックから出して、ジャコと刻みねぎをふりかけ、すった生姜を添えて冷奴を小鉢に盛る。

朝子が温かいご飯とおかずをダイニングテーブルに運んでいくと、夫はすっと新聞を横にずらして、料理が並ぶスペースを空けた。彼はお腹が空いているのだろう。黙って朝子のつくる食事を待っていたのだ。彼女はそんな夫の態度を見ているとおかしくなってくるが、自分が連絡もせずに遅く帰って来たという手前、夫のそんな態度をおおっぴらに笑うわけにもいかない。

彼の食事が終わるころ、朝子は二つの茶碗に熱いお茶を入れた。そして、一つを夫の前に置き、もう一つを、夫の反対側に座った自分の前に置く。

「まだ、怒ってる?」朝子が尋ねる。

「何が」お腹がふくれたことで、彼は一応返事をする。

「遅れて帰ってきたこと」

「誰が、怒ってるっていうんだ」

「だってあなた、私が帰ってきたとき、不機嫌だったじゃない」

「それは……。遅くなったときぐらい、電話ぐらい入れるもんだ」

「あら、あなたが遅くなるときには、電話なんてほとんどしないじゃないですか」朝子がやり返す。せっかく、これからゆっくり彼と話をしようと思っていた朝子だが、彼の返答にむっとしてしまう。

「それとこれとは違うだろう」夫の声のトーンが一段高くなる。

「どう違うんですか」熱い湯のみ茶碗を両手で支えて、彼女が言う。

「どう違うって」正当な理由を探して、彼は答えにつまってしまう。

「女性は家庭では大事な役割があるんだ」やっと探した理由だが、言葉が濁る。

「あなたに食事を作るっていう役割ですか」朝子は呆れて言う。

「別にそれだけじゃあない」

「その他にどんな役割があるって言うんですか」夫の言葉に突っ込む。彼の言葉は間違いなく朝子を憤慨させている。

「その他にって、いろいろあるじゃないか。掃除をしたり洗濯をしたり」

「私だって、働いているんです。私が掃除や洗濯をするのを当たり前だと思わないでください。あなたの帰りがいつも遅いから、私がそれをするだけのことです。私だって、疲れているんです」朝子はきっぱりと言う。

「じゃあ、何で今夜僕に夕食を作ったりするんだ。疲れてるんだろう。そう言えばいいじゃないか」彼は、変な理屈をこねている。

「今夜は、遅く帰るからって連絡をしなかったし、それに、自分だけ夕食を食べて帰ったっていう手前、負い目があったのよ」

売り言葉に買い言葉。お茶を飲みながら、夫とゆっくり話をしたかった朝子なのに。どこで、どうなって、こんな会話になってしまったのか。

結局、二人はそのあとまったく口もきかず床に入る羽目になった。

彩と俊彦の場合6

「ごめん。どうももう少し仕事かかりそうなんだ」申し訳なさそうに、電話口で俊彦が言う。

「さっき、メール読んだわ。まだ終わりそうにないのね。仕方がないわねえ。まだ終わらないいんじゃあ」正面にあるコンピュータのスクリーンに映し出されたEメールの件名欄に目を走らせながら、残念そうに彩が答える。

俊彦の働く会計部でどうしても明日の朝までに仕上げてしまわなければならない資料が、まだできあがっていないようだ。必要な営業の実績資料が夕方まで届かなかったために、会計部での資料作成が停滞してしまったとのこと。

「ごめんな。せっかく一緒にダンス教室に行こうと思ってたのに」俊彦が謝る。

一年ほど前、結婚をする以前から二人は社交ダンス教室に通っている。最初にこの教室に入ったのは彩で、彼女とつきあうようになってから、俊彦も社交ダンスをはじめた。火曜日と木曜日、週二回の教室。仕事が忙しいと行けないが、二人ともできるだけ参加するように心がけていて、彩か俊彦のどちらかが一人で出かけることもある。

「仕事が終わらないいんだから仕方がないわ。じゃあ、今日は一人で行ってくるわ。あとどれぐらいかかりそうなの？　遅くなりそう？」彩は受話器を持ち替える。

「今の感じじゃあ、多分あと二、三時間ってとこかなあ。よくわかんないけど」俊彦はデスクの向かいに座る先輩たちの様子をうかがいながら答える。

「ＯＫ。じゃあ、私はこれから行ってくるわ。ついでに、久実のアパートが近くだから、寄ってちょっと話をして来るわ。彼女、篤史さんと喧嘩したらしくて、落ち込んでるみたいだから、私の方が少し遅く帰ることになるかもしれないけど、いいかしら」

「了解。まあ、僕もいつって正確には言えないし、僕のほうが遅いかもしれないから」

彩は会社を出ると、大学時代の親友久実に電話を入れて、ダンス教室が終わってからアパートに寄ると告げた。

夜九時を過ぎてダンスを終えた彩がアパートに現われると、久実は手早くパッケージ入りの生麺を軽く湯掻き、クリームソースを混ぜてパスタを作ってくれた。赤ワインのボトルも開けて、二人で遅い夕食をとる。大学時代のように、ゆっくりと時間が過ぎていった。


「久実さん、どうだった？　元気だったのか」彩が帰宅すると、俊彦はテレビを観ていた。

「うん、まあね。要するに誤解ってやつよ。彼女も気が強いからね。ろくに篤史さんの話も聞かないでおいて、勝手に怒り出してるって感じよ。篤史さんの性格からして、弁解なんてしないから、久実もさらに怒ってしまうっていうパターン。まあ、そんなコンビだからうまくいくんだろうけどね。両方が久実みたいな性格だったら最悪でしょうね。とにかく、冷静になると久実も自分が誤解してたってわかるのよ。ただ性格で、それがうまく篤史さんに言えないから落ち込んでしまうの」

「久実さん、しっかりし過ぎてるぐらい強いからな」

「そうなのよ。外面はね。でも、内面はそうでもないのよ。シャイで落ち込みやすいの。そんなとこ、篤史さんは知ってるから、あえて押していかないのかもしれないわ。いいカップルじゃないかしら」彩は氷を二、三個入れて冷やしたグラスの水を二口ほど飲む。ワインを飲んだせいか喉が少し渇いている。

「いつ帰ったの?」彩は俊彦に尋ねる。

「一時間ほど前かな。思ったより時間がかかったんだけど。でもこれで明日の朝のミーティングの資料は完璧さ」俊彦はぐっと伸びをして、気持ちよさそうにアクビをした。

「そう、良かったわね。じゃあ、私はこれからお風呂に入るわね。ダンスのおかげで、汗ばんじゃってるから」彩は首のあたりに手を回す。そして、その手を伸ばして彼女も伸びをしながら廊下に出て行く。

彩がお風呂に入っているあいだ、俊彦はソファーに体を横たえて、テレビから流れるスポーツニュースに没頭する。

夕食では今日の出来事の報告を

その日、会社や近所など、自分の身のまわりで起こったことや感じたことなどを、夕食のときに話し合おう。お互いの経験を共有することが大切。単なるゴシップに終わらなければ、誰かに対する文句だっていい。お互いの考えを互いに伝え合って、自分がどういう行動をし、どういう考え方をする人間なのかということを相手に知ってもらおう。そうすれば、夫や妻が、お互いに誤解や偏見をもつことがぐっと少なくなる。

何も言わないでおいて、あるいは簡単な説明だけをしておいて、相手に何かを伝えたような気になっている。ある事柄について、意見交換もしなければ話し合いもしないで、あのとき話したじゃない、あなた本当に何もわかってくれてないんだから、なんて言い争うことになってしまう。

夕食のとき、子供に、その日学校でどんなことがあったのか、家族一緒に話す機会をもとうなどとよく言われる。子供が考えていることや彼らの周辺で何が起こっているのかを知る機会をつくろうということだ。父親の仕事の都合や両親の共稼ぎのせいで、あるいは塾通いのために、多くの子供が両親とともに夕食をとる機会が少なくなっている。だから、そんなことが声を大にして言われるのかもしれない。塾通いや仕事の都合については、単なる家族の努力だけでは変更しがたい。でも、調整することはできる。例えば、子供の塾通いはウイークデイに限るとか。共稼ぎの両親や、仕事で拘束される時間の多い父親でも、週末だけはできるだけ家族そろって夕食をとるようにするとか。心がけしだいで、生活のリズムは調整可能だと思うのだけど、どうだろう。

夫婦間のことだって同じ。いくら夫の仕事が忙しくても、共稼ぎでお互いに時間を調整するのが大変でも、週に三日だけ、二人そろって夕食をとれないだろうか。できなければ、週に一日だっていい。要は、その夕食の時間をどんな風にもつかということ。忙しかった一週間をふり返って、お互いのまわりで起こった出来事の中で、何が楽しかったのか、何が嬉しかったのか、何が苦しかったのか、何を不満に思ったのか、何を情けなく思ったのか、それに対してどんな行動をとったのか——そんなことをお互いに伝えあおう。そして、相手の気持ちになって、自分だったらどうするだろうかと考えてみよう。夫や妻の意見を聞いて、自分の行ったことが正しかったのかと考える機会にもなる。相手の話の中で、不思議に思ったり理解できないところがあれば、そのことを聞いてみよう。心に引っかかることがあれば、素直にそれを相手に伝えてみよう。一方的な誤解だったり、考えすぎの偏見だったりすることに気づかされることになるかも。

あなたは、昨今、夫や妻と一緒に夕食をとっていますか。そして、相手の話に耳を傾けていますか。最小限必要なことだけを、ただ相手に伝えるだけになっていませんか。来週月曜日から大阪に出張だから。水曜日の夜には帰ってくる。宿泊先は××ホテルだなんて、こんなの情報交換じゃない。一方的な押しつけの伝言にすぎない。秘書に渡されるボスからのメモだって、もっと感情がこもってる。

毎日帰りが遅いし、週末だってときどき仕事だと言って家を空ける。最近、うちの夫は浮気をしているかもしれない。そう言ってふさぎ込んでいる妻たち。どうして、こうなるのだろうか。そんな懐疑心が大きくなると、夫への言葉が尖り、疑い深い質問が繰り返される。夫だってそんな懐疑心にあふれた質問を攻撃的に投げかけられれば、浮気をしているにせよ、いないにせよ、嫌になって口をつぐんでしまうのが当然のこと。そんな状況になる前に、お互いに心を開いて会話をもとう。

私の夫は、あるいは僕の妻は自分のことをわかってくれている。そんな満足感は、二人の仲をしっかりと結んでくれる。お互いに会話をしないでおいて、憶測だけで夫や妻の気持ちを計り知るなんてことはできない。

何かが目の前で起こったとき、あなたの夫や妻が一体どう反応して、どう対応するのか予想がつきますか。どこかのレストランに行って、あなたの夫や妻がメニューの中から何を選ぶのか予想したことがありますか。あなたの予想は的中しましたか。お互いの食べ物の好みを理解している。そんな小さなことも、一緒に夕食をとりながらいろいろな話をしていく中で次第にわかってしまうこと。

夫や妻が自分のことをよく理解してくれている。そう感じると、精神的に落ち着いて安定した気分になる。それに相手をよく理解していると自分で思うことは、二人の関係について自信を与えてくれることにもなる。そう、夕食のときにつくるちょっとした時間が、二人の関係をより近づけるってこと。だから、そんな夕食の時間を大切にしよう。

美智子と啓介の場合6

「お父さん、今日も仕事なの？」座席が少し高めになっている子供用の椅子に座って、ダイニングテーブルについた慎二は、キッチンにいる美智子に尋ねる。

「そうみたいね。お父さんの担当しているキャンペーンが、このところ忙しいみたいだから」美智子は振り返って、わずかに微笑んで慎二に答える。

啓介の帰りは今日も遅い。美智子は啓介が毎日どこへ行って、どんなキャンペーン活動をしているのか、具体的にまったく知らなかった。このごろでは、彼が家に帰ってくるのは午前様も珍しくなく、会話をもつ機会をほとんどなくしていた。そんな啓介は寝不足ぎみで疲れているのか、朝も無口で、慎二から声をかけられても、短い答

えを返すだけだった。だから、朝食をとっていても、美智子はあえて啓介に声をかけないようにしていた。疲れている啓介をさらに疲れさせたくないと考慮してのことだったが、本音では、啓介が本当に仕事で忙しいのか確認するのが怖いという気持ちが、どこかにないわけではなかった。でも、そんな気持ちを慎二には見せたくなかった。

「学校で運動会があるんだけど」前に置かれたハンバーグを、まだ慣れない箸使いで口に運んでいた慎二がもらした。

「あら、そうなの。いつ？」

「九月二十三日」

「えーと……、火曜日だけど、秋分の日だから祝日よね」キッチンの壁にかかったカレンダーを二枚めくって九月を開いて美智子が言う。

「お父さんもお母さんと一緒に来ることできる？」キッチンからテーブルにもどってくる美智子を、慎二は見上げるようにして尋ねる。

「祝日だから大丈夫よ。お父さんのやっている今のキャンペーンは、夏のボーナスを狙ってのものだから、しばらくすれば落ち着くはずだし」美智子は啓介の予定をまったく知らなかったが、慎二をがっかりさせたくなかった。

「本当？　本当にお父さんも来る？　やったぁ。僕、クラスの中でかけっこ一番速いんだ。お父さんにも見てほしいんだ」慎二はハンバーグとご飯粒が口から飛び出すかと思うほどの勢いで話した。

小さなときから、慎二は家の中で父親の存在をいつも求めていた。啓介の時間と小さな慎二の時間とが重なり合うことは必ずしも多くはなかったが、慎二は男の子ということがあるのか、それとも、父親と過ごす時間が少ないせいなのか、啓介との時間を探していた。

「そうなんだ。慎二、クラスで一番速いの」美智子は、慎二がハンバーグとサラダののった皿と茶碗の間に落としたご飯粒を拾いながら言った。そして、

「大丈夫。お父さん、必ず来るから」自分自身にも言い聞かせるかのように、念を押した。

その晩、夕食の間中、慎二の機嫌は良かった。昨日喧嘩をしてしまった良子ちゃんと仲直りができて二人でシーソーにのったとか、ハーモニカを吹くのが少し上手になってきたとか、国語の時間にどんなストーリーを読んだとか。慎二は本当に楽しそうに話した。今朝、啓介に話しかけてほとんど返事が返ってこなかったときには、寂しそうな顔をしていた慎二だったが、夕食時にはそれがまるでうそのように元気にはしゃいでいた。

夕食が終わり、美智子がキッチンで食器を洗い終わるまでに、居間で遊んでいた慎二は、はしゃぎ過ぎて疲れたのか眠り込んでしまっていた。台所仕事を終えた美智子

は、慎二をベッドに運んで寝かせた。

　ガチャリという鍵の音に続いて、玄関のドアが開く気配がした。

「啓介さん、あなたなの？」居間でテレビを見ていた美智子は、テレビのスイッチを切って玄関に向かって尋ねた。

「ああ、ただいま」下を向いて靴を脱ぎながら答えたので、声がこもっていた。

「おかえりなさい。今日はちょっと早かったわね」美智子は居間の壁にかかった時計が十時を指しているのに目をやって言った。

　啓介は、ダイニングルームに入ってきて、ブリーフケースをいつも自分が座る椅子の上にのせ、まず大きなため息をついた。

「夕食はもうすんだの？　何かみつくろいましょうか」ソファーに腰掛けていた美智子は振り返ってダイニングルームにいる啓介に尋ねる。

「すませたからいいよ」言葉を発することがエネルギーの無駄であるかのように、啓介の返事はいつものように最小限でそっけない。

「お風呂に入るよ」着替えるために寝室に向かう啓介の声が、廊下に向かって、美智子の背中を過ぎて流れていく。

「じゃあ、何か飲む？」廊下の向こうの啓介に、美智子はちょっと声を上げて尋ねる。

二階の寝室に入ってしまった啓介に美智子の声は届かなかったのか、返事は返ってこなかった。

「何か飲む？」啓介が寝室からもどって風呂場に入るのを待って、脱衣場のガラス戸を開け、美智子がもう一度尋ねた。

「ああ。そうだな、ビール」

「今日は早かったのね。今日はどこで仕事だったの？」キャンペーン中は、彼のオフィス以外で行われるイベントに顔を出すことが多いことを美智子は知っていた。

「秋葉原」

「秋葉原のどこのお店？」

「××店」

「たくさん、お客さん来たの？」美智子が質問を繰り返す。

「まあね」

「どう、たくさん売れた？」

「まあね」

短い返事の合間に、体にかけた湯があちこちに飛びちる音が風呂場中に響いている。

少ない言葉数と低い声とで返事を繰り返す啓介に、美智子は質問を止めて、ガラス戸を閉めてキッチンに戻る。

美智子は数切れの沢庵と一つかみの高菜づけを小皿に盛り、カシューナッツを小鉢に入れた。その小皿と小鉢を一対の箸と一緒にダイニングテーブルに並べ、ビールのグラスを一つ、その隣に置いた。

しばらくして、啓介は濡れた髪の毛をタオルで拭きながら、ダイニングルームに入ってきた。美智子は冷蔵庫から冷えたビールを取り出すと、ダイニングテーブルの上で栓を抜いた。冷えたビールを注ぐと、グラスの外側がアッという間に白くなった。啓介は椅子に腰掛けたまま、首にかけたタオルの端で髪の毛を乾かしながら、空いたほうの手でビールを口に運んだ。

「ふーッ」どこかからもらした声とも、大きなため息とも思える、長い音を啓介が発した。

その音が消えると、家の中が再び静まり返った。

「啓介さん、疲れているみたいね」静けさに負けて、美智子は口を開いた。

「ああ」冷えたビールのグラスを一気に空けたあと、啓介が返事をする。

テーブルに置かれた空のグラスに、美智子は黙ってビールを注ぐ。グラスの中でビールの泡が下から上へと躍って上がり、シュワッという音が小さく聞こえる。白く濁っていたグラスの外側に残る啓介の指の跡も、再び霧をかけたように白くなった。またもや、家の中が静かになった。

夏なのに、美智子は寒いと感じた。エアコンが効きすぎているのかもしれない。

「慎二の運動会が九月の秋分の日にあるみたいなの。啓介さん、行けるかしら」話しかけづらい雰囲気だったが、少なくともこのことだけは慎二のためにも伝えておかなければならないことだった。

「九月二十三日、秋分の日。火曜日なんだけど、祝日でしょう。行けるわよねえ」すぐに返事をしない啓介に、美智子が続けて言った。

「九月の末のことなんて、今からまだわかんないよ」ひととおり喉が潤ったのか、啓介は、ビールを一口だけ飲んで、グラスをテーブルに戻す。

「慎二、クラスでかけっこが一番速いんですって。あなたに見せたいって張り切ってるのよ。何とか行ってやれないかしら」美智子は声をやや弾ませるようにして言った。

「行ってやりたいけど。まだ予定がわからないから、行けるって慎二に約束はできないよ」啓介は眉の上にわずかに皺を寄せる。

「でも、あんなにあなたが来るのを楽しみにしてるのよ」美智子は啓介の顔をじっと見入る。

「そんなこと言ったって仕方がないだろう。そんな二ヶ月も先のこと約束できないよ。僕の仕事の内容を知ってるだろう。今のボーナスキャンペーンはもう少しで終わるからいいけど、次のキャンペーンがそのあたりにないっていう保証はないんだ。下手な約束をしてその約束を破るほうが、慎二にとってはよくないことだろう」チラリと美智子に視線を投げたあと、タオルで髪の毛をあわただしく拭く。

「そりゃ、そうだけど。でも何とかならないかしら」啓介の言うことはよくわかった。でも、美智子は何とか啓介に運動会に出席してほしかった。

「こんな押し問答をしたってどうしようもないだろう。今からそんな先の予定はわからないんだし。疲れてるんだ。僕は寝るよ」一瞬、啓介は顔をしかめ、半分グラスに残ったビールを一気に喉に流し込んで、テーブルから立ち上がった。

「ちょっと待ってよ。まだ、話が終わってないじゃない」すばやく部屋を出て行く啓介を美智子は目と声で追う。

「秋分の日のこと、おぼえとくよ。仕事が入らなきゃ、もちろん、ちゃんと行くよ」廊下から、啓介の声が届く。

脱衣場からヘアードライヤーを使う音が聞こえてきた。そして、しばらくして廊下を歩く音が寝室に向かって遠のいて行った。

「きっとあの子、明日の朝、あなたに運動会のことを聞いてくるわよ。何て言うつもりなの?」そう聞いた美智子に、返事は返ってこなかった。

まったく手がつけられていなかった漬物とカシューナッツにそれぞれラップをかけ、

美智子は冷蔵庫とキャビネットにおさめた。それから空になったグラスを洗って、食器のラックにふせた。

キッチンの電気を切り、寝室に向かって美智子は薄暗い廊下に出た。

誕生日や結婚記念日を忘れない

お互いの誕生日、自分たちの結婚記念日は忘れないこと。それを忘れるのは、往々にして夫の方が多いのだけれど。何故だろう。恋愛中は、男性だって、気に入った彼女の誕生日はしっかりおぼえていて、プレゼントをしたりする。彼女から注目を浴びたいという気持ちがあるのはわかるけれど、それが結婚した途端に忘れてしまうなんて、一体どういうことだろう。結婚してしまえば、もう妻の気を引く必要はないということなのか。

結婚記念日や誕生日をおぼえているということは、精神的なアクション。このところ仕事が忙しかったから、妻の誕生日や二人の結婚記念日を忘れてしまっていた、なんて言い訳にすぎない。仕事をしていようと、していまいとそれは同じこと。確かに仕事のために、一時的に、その日を忘れてしまうことはあるかもしれない。でも、その日が特別な日として頭の中に入ってさえいれば、一ヶ月も三ヶ月も忘れっぱなしということはありえない。子供の誕生日を忘れてしまう母親がいますか。そんな話、聞いたことがない。だって、その日は大切な日として、母親の心の中にしまってあるのだから。心の持ち方しだい。誕生日と結婚記念日は、二人にとって、とても大切な日。そう思うことで、その日はしっかり頭に焼き付いてくれる。結婚をした途端に、妻の誕生日を忘れてしまった夫。頭の中で、妻の誕生日や二人の結婚記念日がどうでもいい日として解釈されているから、その日を忘れてしまうことになる。その先、二人で仲良く年老いるまでハッピーに暮そうと思うのだったら、考え直してみよう。ちょっとした頭の切り替えで、その日は重要な日として記憶できるもの。妻の嬉しそうな顔を見て、悪い気はしないはず。

そんな大切な日だから、誕生日にプレゼントを贈るとか、結婚記念日に素敵なレストランや、観劇に出かけるとかしてみてはどうですか。忙しくてそんなことができないという人は、仕事の帰りに花束をもって帰るなんてどうだろう。自分で花束を買うのが気恥ずかしいようだったら、電話一本で花束の宅配オーダーだってできてしまう。もちろん、そんなときは心のこもったメッセージを添えることをお忘れなく。夫の誕生日や二人の結婚記念日のために、腕を振るってちょっと豪勢にディナーを作ってみるのも個性的で楽しいかも。形はいろいろ。二人の趣味や生活パターンを考慮して、その日の祝い方はご自由に。お金をかけるだけが、お祝いではない。時間のなかった二人が、何とか時間をさいてゆっくりと話をするのも、一つの手段。結婚五周年記念、おめでとう。そう言って、お互い見つめ合うだけだって、すばらしい結婚記念日のお祝いだ。夫の大好きな音楽をかけて、二人で香りのいいコーヒーを飲みながら、ゆっくりと夜がふけるのを待つとか。それだって、思い出に残る記念日のお祝いだ。

職場の人たちに、大切な日として、その日を事前に知らせておくのもいいかもしれない。クラシックコンサートのチケットを購入した時点で、郊外のレストランに予約を入れた時点で、この日は二人のためにスケジュールを空けておきたいと、職場の同僚に伝えておこう。そうすると、自分のスケジュールが立てやすい。まわりから何か言われるかもしれないけれど、結局、仲の良いあなたたちが羨ましいだけのこと。ひょっとして、あなたに刺激されて、妻や夫のために何かを計画するきっかけになるかもしれない。あなたは先駆者だと考えていればいい。

子供だけでなく、お父さんやお母さんの誕生日も家族そろってみんなで祝う習慣をつけるのもいい。子供がお母さんやお父さんの誕生日をお祝いするのを、当たり前のこととして理解するようになれば、やがて大人になって結婚をしても、その行事を自分の家庭で繰り返すだろうし、また、夫や妻となった人の誕生日を軽視することも少なくなるだろう。

毎年迎える誕生日と結婚記念日は、どんな形でお祝いをしたとしても、その年の大きな思い出として、二人の心の中に刻まれることになる。絶対に忘れないようにしよう。

でも、もし、その大切な日、夫や妻の誕生日や結婚記念日を忘れてしまったら、あるいは、忙しくて何もお祝いができなかったら……。あとでしっかり埋め合わせをしよう。先週は、忙しくて何もお祝いできなかったけど、忘れていたわけじゃない、と言って、思いっきり特別なことをすればいい。相手だって、あなたが忙しいことは知っている。一週間遅れであろうと、二週間遅れであろうと、あなたの見せる誠意が伝われば、お祝いが遅れたことなんて忘れてしまう。要は、あなたが、その大切な日をおぼえていたということがキーポイントになるのだから。

美智子と啓介の場合7

「お誕生日、おめでとう」美智子の友人、直子が電話口で言う。

「ありがとう」美智子が答える。

「これで私よりひとつ年上になったわけね」

「まあ、数ヶ月の間、私のほうが年上になるけど、直子だってすぐに私に追いつくのよ。そんなに年寄り扱いしないで」美智子は笑う。

「ふふふ。まあそうだけどね」直子の声も笑っている。

「啓介さんいるの？　今日は何か予定でもしてるの？」

「ううん。まだ帰って来てないの。最近、彼忙しいのよ」受話器をもったままうつむいたために、美智子の声は尻すぼみにくぐもって小さくなる。

「そう、今日は美智子の誕生日なのにね」直子もトーンを落とす。

「仕方がないわ。仕事なんだもん」と美智子は言いながらも、どこかで納得がいかない。

「でも、一日ぐらい何とかできそうなもんなのにね。いつもそんなに帰りが遅いの？」

直子が尋ねる。

「まあね。彼、広報企画課で働いているでしょ。彼が主催するいろいろなイベントは、大抵、午後から夜にかけてとか、週末に行われることが多いのよ」美智子は直子に話しながら、実は自分に言い聞かせている。

「啓介さん、今日も何かイベントに参加しているってわけ？」

「う、うん。多分そうだと思う。詳しい予定は知らないんだけど」美智子は自信がない。

「啓介さん、今朝、出かける前に、何か言っていかなかったの？」

「別に何も」美智子の心の隅がチクリと痛む。

「啓介さん、今日は美智子の誕生日だってことおぼえているのかしら」

美智子は返答に困る。

恋愛中、彼女の誕生日といえば、毎年違うレストランに連れていってくれた啓介。どうやって、こんなにロマンティックで素敵なレストランを探してくるものかと、毎年不思議に思ったほどだ。そして、食事のあと、きまって小物をプレゼントしてくれた。彼にもらった小物の中で、美智子のお気に入りはティファニーの小さなキーホルダー。

すべてのキーをつなげて今でも毎日使っている。

結婚した年、もう七年も前。美智子の誕生日、彼は仕事を早々に切り上げて、早く帰ってきてくれた。美智子はそのときすでに妊娠していたから、レストランに出かけるのはやめて、家でゆっくりと夕食をとった。彼は炊事なんて縁がないほうだったから、寿司の出前をとってくれた。そして、生まれてくる子供のことを話しながら、楽しい時間を過ごしたことをおぼえている。その日が最後だったように思う。彼は美智子の誕生日を祝うことを止めた。

毎年、今年こそは、啓介が彼女の誕生日を祝ってくれるのでは、と期待をもち、そして裏切られてきた。今朝、啓介は誕生日のことなんて何も言わずに仕事に出かけて行った。仕事からいつ帰れそうだとか、そんなことも言っていなかった。今日特別にそうしなかったというわけではなくて、いつもがそうであるように。

「仕事が忙し過ぎて、今日が私の誕生日だってことおぼえていないのかもしれない」

美智子は自分に語りかけるように静かに言葉を並べる。

美智子は啓介が自分の誕生日を忘れてしまっている正当な理由を探そうとする。それとも、自分の誕生日を忘れてしまっている彼のことを、どこかでかばっているのかもしれない。

「そうか。仕事がそんなに忙しくっちゃ、おぼえてられないわよね」直子が同意をする。

啓介が美智子の誕生日をおぼえていて、お祝いをしてくれたのは七年も前のことで、そのあとはおめでとうの言葉ひとつかけてもらったことがないことを、親友の直子にさえも何故か言えない。二人のことで何かを否定されるような気がして、そんな彼のことを、美智子は内緒にしておかなければならないような気がした。

「本当、今日は啓介さん忙しいのよ。きっと、明日とか今週末とか、時間ができたら、美智子のために何かしてくれるわよ。それに、今日だって、仕事のために早く帰れないかもしれないけれど、ひょっとして素敵なプレゼントを用意してるのかもよ」直子が彼女を励まそうとしているのが、美智子にもわかる。

「そうね。そうかもしれない」

美智子は、それ以上、直子と会話を続けることが鬱陶しく思えた。

「あら、なべが吹いてる。今、夕食の準備をしていたところなの。電話を切ってもいいかしら」美智子が言う。なべなんて吹いていない。

「あら、ごめんなさい。長くなっちゃったわね。じゃあ、とにかく、お誕生日おめでとうってことで。啓介さんによろしくね」電話が切れた。

美智子は受話器を置く。受話器の上に置いた両手をそのままに、彼女はしばらくじっと動かない。

一年に一回は二人で旅行を

一年に一回は二人で旅行をしよう。旅行したい時期を考えて、二人の趣味や興味を考慮して、行き先と詳細を決めよう。仕事の都合もある。子供とか二人以外のファミリーメンバーの都合もある。時間がなければ、日帰りだっていい。時間が許せば、二、三泊できるかもしれない。とにかく、二人っきりになれる、あるいは、子供と一緒に、家族水入らずになれる旅行をしよう。

旅行というイベントは、二人の周囲や環境を変える機会になる。そこに、毎日の繰り返しの生活の中にはない夫や妻の姿を、見ることができる。それは、旅行が解放感や自由感を与えてくれるからだ。多忙な仕事や日頃の子育てから解放されて、親戚や近所とのつきあいを忘れて、ほんのわずかな期間でも、二人っきりの時間に没頭できてしまう。好きなときに、好きなものを食べて、好きなところを訪ねて、自由に時間を使う。そんな旅行。二人だけで、ストレスに溢れた生活から、ちょっとだけ抜け出して、思うがままに行動してみよう。それは、自分自身を慰労することにもなるし、まして、二人だけの旅行なのだから、気兼ねなくリラックスできてしまう。

ときには思い切って海外旅行なんていうのもいいかもしれない。すべてがお膳立てされているツアーに参加するのではなくて、二人で旅行を計画しよう。海外旅行全部を二人だけで計画するなんて、ちょっと不安という人は、旅行期間中、毎日が自由行動になっているツアーを選んでみるのがいい。そうすれば、日本からの飛行機の手続きとか、外国現地での移動について心配をしなくてもすむ。そして、現地に到着してからの行動だけに集中して予定を立てることができる。

日本語が通じない外国では、二人で助け合うってことをお忘れなく。不自由なコミュニケーションや旅行日程の計画や実行は、二人で助け合ってこそのもので、二人の関係をより強く築き上げる手段になる。たとえ、どちらかが、多少、英語ができるからとか現地語ができるからといって、一方的にその相手に頼るのはやめよう。頼りすぎると、期待が大きいだけに、かえって落胆や失望につながることになる。頼られた方だって、あまりに頼られっぱなしだと、疲れてしまって、いい加減にしてくれっていう気持ちになってしまう。二人の旅行は、あくまでも楽しい思い出にしなくてはならない。

そんなに旅行に時間をかけられないという人。国内旅行だってもちろんＯＫ。ポイントは二人の興味を組み入れて、二人でしっかり計画を練って実行する、ということ。計画段階から仲良しができてしまう。その時間も楽しんでみよう。

彩と俊彦の場合7

「ねえ、見て見て。絵本に出てくるようなレンガ色の家が道に沿ってあんなに並んでる」飛行機の窓から外を眺めていた彩は、隣の俊彦に声をかける。

彩と俊彦は有給休暇を調整して週末二つをつなげて、八泊の英国旅行に出かけることにした。ロンドンをメインにスコットランドに足をのばし、その帰りにレイク・ディストリクトに寄る予定になっている。

「本当だ」俊彦も彩に体を寄せて顔を窓に近づける。

あまり強くない太陽の光を浴びて、緑の木々と緩やかに曲がった道、その道に沿って並んだミニチュアのような家々が遠く眼下に広がっている。うっすらと霧がかかるように霞んだ雲は、地上に到着するまでに、弱い太陽の光をさらに薄めている。英国の典型的な天候が二人を迎えた。

英国への往復航空券は格安航空券を販売する店で手に入れた。そして、出発前にウエブサイトを通して、ロンドン、スコットランド、そして、レイク・ディストリクトで泊まるすべてのホテルに予約を入れ、コンファーメーションをとった。また、移動に使うロンドンからスコットランド、レイク・ディストリクトへの汽車のスケジュールを手に入れ、現地についてからは、その集めた情報に従って行動をすればいいだけにしておいた。

何と言っても言葉の違う国。日本にいる間に情報を集める方が間違いなく簡単だ。二人の中では彩の方が英語の成績がよかったのと、マーケティング部に勤める仕事がら、俊彦よりも英語を使う機会があって、少しばかり慣れているということで、英語で書かれたウエブサイトを情報収集のために要約するのは彼女の役割になった。俊彦は英和辞典を片手に、そんな彼女を手伝った。

ロンドン、ヒースロー空港に到着し、旅券審査を済ませてスーツケースを受けとると、二人は表示に従ってヒースローエクスプレスの乗り場に向かった。エクスプレスの終点、パディントン駅からはブラックキャブに乗って十分ほどでクイーンズウエイのホテルに到着した。チェックインまでにはまだかなり時間があったが、部屋が空いていたために、すぐに部屋の鍵を渡された。ダブルベッドと二つのベッドサイドテーブルが中央に、小さな机と椅子が角に置かれた小さな部屋だったが、小綺麗なところはウエブサイトに載っていた写真と同様だった。二人の洋服をスーツケースから出してクローゼットに下げ、荷物をひととおり使いやすいように並べると、落ち着いた部屋になった。

シャワーを浴びると、長時間のフライトの疲れも少し和らいだ。時差ボケにならないためにも、昼寝は避けることにして、二人はホテルの外に出ることにした。あらかじめ調べて選んでおいたミュージカル“Chicago”と“My Fair Lady”をやっている劇場でチケットを購入するためだ。彩と俊彦はロンドンに滞在中、この二つを観劇しようと決めていた。

その晩、二人は八時を過ぎるとベッドに入った。そして、深く長い睡眠をとった。

「今日はどうする？」ホテルでイングリッシュ・ブレックファーストをとりながら彩が尋ねる。

ロンドン滞在中、二人は観劇をするほかに、ケンジントン・パークとリージェント・パークを訪ねてみようと計画をしていたが、それ以外には、具体的に何も決めていなかった。二人で気ままに過ごそうというのが、当初の計画だった。時差ボケが出るのを考慮したのと、ロンドンは歩いて回れる街なので、あれもこれもと欲張らずに当地に着いてから決めようと話し合っていた。

「どこに行きたい。天気もまあまあだし、今日は土曜日だろう。ポートベロ・マーケットにでも行ってみないか」オレンジジュースを一口飲んで、俊彦が答える。

「うん、そうねえ。ポートベロ・マーケットって確かこの近くじゃなかったっけ。電車に乗らずに、歩いて行けるんじゃない」彩が賛同した。

昨日、本屋で買っておいた"A to Z"を見ながら、通りの名前をたどって二人はホテルからポートベロ・マーケットまで歩く。

デザインが微妙に違う三階、四階建ての白い一戸建ての建物が並ぶ通りをゆっくりと歩く。しばらく進むと、通りと通りの間にフェンスで仕切られたプライベートガーデンが見えてくる。様々な色をした大小の花々と背の高い木々とが、ガーデンの存在を隠すように、内側からフェンスを飾っている。

「ねえ、見てみて。あの子供、かわいい」プライベートガーデンの中で、母親の横をよちよちと不安定に歩く子供を見て、彩が言った。

外国人の子供は見慣れない分だけ、彩には余計にかわいく映った。子供はやっとここ数ヶ月前に歩けるようになったかと思われるほどの年格好で、その不安定なよちよち歩きのたびに、ブラウンヘアーの巻き毛が左右上下にフサフサと揺れている。

「本当だ。おもちゃみたいだ」彼女の視線を追って、親子を見つけた俊彦が答える。

「気持ちいいわね。こんな素敵なところをのんびりと散歩して。見て、この通り。家の前の庭が特にきれいだと思わない」さらに足を進めて、彩は大きく息を吸い込む。

五月で春とはいえ、太陽は日本の何十分の一かの薄いゆるやかな日差しを投げかけている。でも肌寒く感じるほどでもない。厚手のカーディガンを羽織っている彩には、ちょうど心地よい気温だった。

「あのガチャガチャした東京と比べると、本当にのんびりするよな」俊彦も両手を頭上に伸ばして、大きく深呼吸する。

「おとといまで会社で忙しく働いていたのが、うそのようだわ」彩は空を見上げる。

「まったく」俊彦が頷く。

「ねえ、ここでちょっと写真撮っていい？　この通りを斜めから撮って。ほら、素敵でしょう」彩は持っていたデジカメのスイッチを入れ、写し出された画面を俊彦に見せる。

「そうだね」画面を見て、俊彦は笑みを浮かべる。

「ねえ、ちょっとあれ見て」彩が一つ向こうの通りを指差した。

二階、三階のテラスに、黄色や赤の小さな花がいっぱいに咲きほこる鉢植えが並べられた白い壁の建物が建っていた。

「イギリス人って、本当にお花が好きなのね」彩はカメラのシャッターを押す。


あれやこれやと言って、彼女が二十枚も写真を撮ったころ、二人はポートベロ・マーケットに到着した。時間はまだ午前十時にもなっていなかったが、込み合っていた。入口のあたりには、家具や食器から装飾品、楽器、ジュエリーなどを扱う何軒ものアンティーク屋が並んでいた。その先には、アンティークではなく普通の革製バッグやベルト、衣類、スカーフ、指輪やネックレスといったジュエリーを並べた露店も続いている。さらにその先をずっと行くと、野菜や果物などを売る露店が並ぶ。コーヒー豆を路上で炒って販売する露店からは、香ばしい香りも漂ってくる。

彩は、青い五つの花弁のある花飾りが付いた銀の指輪を買った。代金を支払うと、彼女は早速右手の薬指にはめた。

「なかなか、いいじゃん」指輪をした薬指を見ている彩に、彼女の右肩越しに俊彦が顔を突き出して言う。

「ありがとう」彩は嬉しそうに左手の親指と中指で指輪をいじってみる。

「今着ている薄いブルーのカーディガンとよくマッチしている。うん、いいねえ」俊彦が頷いて言う。

「そお」彩は指輪をした右手を空にかざして、まぶしそうに眺める。


ロンドン、エジンバラ、レイク・ディストリクトを回った八泊の旅行は、欲張った計画をしなかったつもりだが、アッという間に終わってしまった。でも、二人のデジタルカメラには何百枚もの記念のショットが刻まれていた。日本に帰ってから、いろいろな思い出を語りながら、ゆっくりと二人で眺めることになるだろう。

旅行するときは交互に運転

車を運転するのは〝男の仕事〟なんて考えない。近場の親戚を訪ねるのでも、ちょっと遠出をしようというときでも、一緒に旅行をしているのだから、同じ経験を共有しよう。どちらか一人だけが車の運転で疲れるなんて、フェアじゃない。絶対に半分半分なんていうわけではないけれど、交代して車を運転するのは、相手を思いやる気持ちから出てくる自然な気持ち。夫を愛しているなら、今日は私が運転するわ、なんて言ってみよう。

日曜日、午後の首都高速を見てみよう。あちらでもこちらでも、疲れきった男性が、半分居眠りをしながら渋滞の続く高速を運転している姿が目につく。毎日、仕事仕事に追われて家族との時間が作れなかった男性が、妻や子供のために家族サービスと称して、早朝から遊園地や観光地に出かけた帰りなのだろう。毎日の仕事で疲れているところにもってきて、慣れない家族サービスにも念を入れる。まったく、誰だって疲れてしまう。まして、そんな長い一日の終わりに、あの慢性化した交通渋滞をくぐらなければならないのだから。

こんな調子だから、遠出をしようと家族がせがむのに対して男性が渋ってしまうのを、一概には責められない。疲れた夫の運転を半分だけ助けてあげれば、なんて考えてみたことありますか。そんな小さなことで、夫が次回の遠出に乗り気になってくれれば、あなたにとってもハッピーなことじゃない？

通常、車に乗っている二人をみると、結婚したカップルであろうと恋愛中のカップルであろうと、運転席にいるのはほとんどが男性。どうしてだろうか。一般的に言われているように、女性よりも男性のほうが運転が上手だからという理由からだろうか。それだって、結局、慣れの問題からきていることではないだろうか。男性のほうがいつも車の運転をしているのだから、運転が上手になっても当たり前のこと。女性は感情的になるから運転が下手くそだ、なんて言う人もいる。女性だって、運転を多く経験すれば、テクニックだけでなくて、繰り返しによって精神的リアクションを習得することもできる。そうすれば、そんなことを言われることも少なくならないだろうか。だから女性だって、もっと積極的に車の運転をするようにしよう。

短距離でも長距離でも車の運転は神経を使うもの。疲れているから、ちょっと具合が悪いから、子供の面倒をみるから、地図を広げて道順を見たいから、もうすでに一時間以上運転を続けているからなど、いろいろな理由で、夫婦で交代をして車の運転をしよう。せっかくの二人の旅行なのだから、夕食の席について、夫のほうだけがアクビをしているなんて、ちょっと冴えない感じじゃない？

美智子と啓介の場合8

「慎二、寝ちゃったみたい」後部座席でシートベルトに支えられながら眠り込んでしまった息子を見ながら、美智子は隣で三十分ほど前からブレーキとアクセルを交互に踏み込む啓介に声をかけた。

「ふうん」啓介は小さな声で言う。

「いつものことながら、ひどいわねえ。この渋滞」前を向き直った美智子は、運転する啓介の顔を横から見る。

「ああ」

「慎二、今日はあんなにはしゃいで。ずいぶん、あなたを引きずり回しちゃって。まあ、あれだけ行きたがっていた東京ディズニーランドに行けたんだから。嬉しかったのよね」さらに、彼女が続ける。

「ねえ、慎二がホーンテッドマンションであの乗り物に乗っているときの顔を見た？ お化けたちが周りにいっぱいいだぁって喜んじゃって。あんなに嬉しそうにしちゃって。一時間半ほどでも、列に並んで入館を待ったかいがあったって感じよね」慎二の顔を思い出して、美智子の顔はほころんでいる。

啓介は前の車の動きを追っている。

「ねえ、あの慎二の顔見た？」返事がない啓介に繰り返す。

「うん」のどの奥にこもったような声。

「うんって、本当に見たの？」頼りない啓介の返事に、美智子は疑い深く聞く。

「ああ」彼の返事は不機嫌で短い。

コンピュータ関連会社の広報企画課で働く啓介は、最近リリースされた新製品の責任者として、夏のボーナスシーズンを前に集中した広報キャンペーンを企画していた。その関係で、週末、美智子と慎二とともに時間を過ごすのは久しぶりのことだった。

慎二を妊娠して仕事を辞め、主婦業に専念した美智子。慎二はもう小学校に上がる年齢になっていた。毎日慎二が小学校に行ってしまうと、彼女は家で一人で過ごすことになる。掃除と洗濯、夕食の買い物は、慎二がいない間にする彼女の日課だが、二週間もすれば飽きてしまう。何かの変化が欲しい。どんなに小さくてもいい。そんな気持ちがいつもどこかにあった。だから、美智子は啓介に遠出をせがんでいた。そして、今回は、特に慎二のためにもということで、啓介を説得し、啓介の担当していたキャンペーン期間が終わった週の次の日曜日に、東京ディズニーランドに出かけようということになった。

「私も、久しぶりに楽しかったわ。あなた、ずっと仕事で忙しかったでしょう。毎日、夕食だって一緒にとれなかったじゃない。最近、あなたがどこかに行っちゃったみたいで、私、寂しかったのよ。慎二はいたけど、久しぶりにあなたとデートをしてるって感じがしたわ」美智子は嬉しそうに微笑んで、両手で頬をなでる。僕も久しぶりに美智子とデートができて楽しかった、なんて返事が啓介から返ってくることを期待して。

啓介はアクセルを少し踏み込んではブレーキを踏み、スピードが時速二十キロにまで落ちて、前の車のテールランプが消えるころ、またアクセルに足を運ぶ。そんな繰り返しをするだけで、何も返事をしない。

「どうしたの。疲れちゃった?」美智子は前の車のテールランプを睨む啓介の顔を、横から顔をかしげるようにして眺める。

「どうしたの?」

「ちょっと黙れよ」啓介の低い声が車の中に響いた。

周りから繰り返して聞こえる警笛音や雑音、車の振動の中で慣れきってしまっているのか、そんな啓介の声を聞いても慎二は目を覚まさなかった。

「どうしたのよ。私、何か悪いことでも言った?」慎二が目を覚まさなかったことを確認して、美智子は前に向きなおった。

「どうしたのよ」美智子が心配して再び聞く。

「頼むから、そんなに、どうしたのか、こうしたのか、聞いてくるなよ」啓介が大きな声を上げる。

啓介の言葉に驚いて、美智子は前の車にやっていた視線を彼の横顔に移す。車の中に沈黙が流れる。

しばらくして、

「ごめん。疲れてるんだ。ちょっと静かにしててくれないか」啓介は尖った口調を抑えて、今度は静かに言った。

家に到着したのは、すでに夜の十一時を過ぎていた。朝七時に家を出て、十六時間の長い一日だった。慎二をベッドに移して寝かせ、二人が交互にシャワーをあび、寝室に入るころ、すでに日付は月曜日になっていた。

ありがとうと言おう

どんな関係でも慣れすぎてしまうと、つい言わなくなってしまう言葉がある。いくら身近にいたって、相手が何かをしてくれたときにはちゃんと〝ありがとう〟と、お礼の気持ちを表現しよう。心はいつも動いているもの。いつもハイなわけじゃない。どんな理由にせよ、落ち込んでしまうことだってある。心がすさんでいるときに、相手が自分や自分のしたことをありがたいと思っていないと感じると、心がなお沈んでしまうことがある。アバタがエクボに見えるのも一定の期間だけ。しばらくは、ありがとうを聞かなくても許せてしまうものが、やがて許せなくなる。恋愛中だろうと、結婚してからだろうと、もうすぐ還暦を迎えるようになったときにだって、彼や彼女、夫や妻にありがとうと言って、感謝の気持ちを表現することを忘れないで。

結婚して長くなると、プレゼントをもらってもお礼すら言わなくなったりする。結婚前には、いつもありがとうと言ってくれた夫なのに。何をしても、何も言ってくれない夫。そんな夫をもっていませんか。女性だって同じこと。毎日の生活の中で、夫にありがとうと言っていますか。振り返ってみて。近所の子供や職場の人たちなど、他人に向けては言えるのに、何故か夫婦間では、その言葉が消えてしまう。どうして？　夫婦間では何かしてもらうのが当然のことで、相手に感謝する必要はないということ？　ありがとうの一言も言わない夫や妻といると、自分の存在感や、夫や妻の自分に対する価値観まで疑ってしまうことになる。虫のいどころが悪ければ、喧嘩の種にだってなってしまう。ありがとうって、ほんの小さな言葉だけで。

風呂場に妻が着替えを持ってきてくれたとき、重い箱を運ぶのに、夫が手伝ってくれたとき、庭の草花に水をやってくれたとき、仕事の帰りにクリーニングをピックアップしてくれたとき、忙しいのに夕食を作ってテーブルに並べてくれたとき、子供を幼稚園に連れて行ってくれたとき、ありがとうと言おう。ありがとうと感謝されて、不愉快になる人はまずいない。その一言に笑顔を添えれば、もっと気持ちがいいかもしれない。

〝ありがとう〟その一言を忘れてしまっていたら、もう一度思い出して使ってみよう。

彩と俊彦の場合8

「わあ、ジャスミン。見つけてくれたの」俊彦を玄関で出迎えた彩は、彼が抱えている鉢に目をやって驚いた。

「うん。今日は仕事が早く終わったから、ちょっと遠回りをしてフラワーショップを

回ってみたんだ。六軒目の店にあったよ」ジャスミンは三十センチほどの高さで、いくつか白いつぼみをつけていた。

「ありがとう」彩は嬉しそうにお礼を言って、まだつぼみの白い花に顔を近づける。ほのかに甘い香りがした。

二週間前、彩は近くのフラワーショップを訪ねてみたが、そこでは見つけることができなかった。たまたま、彼女が読んだ雑誌にジャスミンが載っていて、ベランダに置く鉢植を探すことにしたのだ。ジャスミンの花は清楚で、その香りは柔らかい。どこかで探してこようと思っていた彩だったが、ここのところ週末も忙しくて、他のフラワーショップを訪ねていなかった。

「嬉しいわ。俊彦、ジャスミンのこと、覚えててくれたのね」二人は話しながら廊下を歩く。

「何軒か回ってなかったから、もうやめようかと思ったんだけど。最後に何とか見つけたよ」

「電車の中で、これ運ぶの大変だったでしょう」彩は俊彦から受けとったジャスミンの鉢を、目の前にしてしげしげと眺める。

「いや、いろいろ探している間に、電車が混む時間を過ぎたからね。大丈夫だったよ」

俊彦はキッチンに入って、鉢を抱えていた手を洗う。

「本当にありがとう」そう言って彩は、スライド式のガラスドアを開けて居間からベランダに出て、最も日あたりが良さそうなところにジャスミンの鉢を置いた。

「俊彦、愛してるよ〜」ベランダから居間に入ってきた彩は、居間でソファーに腰掛けていた俊彦を後ろから両手で抱く。そして甘えたようにして彼の右頬に自分の左頬をくっつける。

「どういたしまして。彩の喜ぶ顔が見たかったからね。がんばったんだ」彩の方を振り返って、俊彦は言う。

「これ、今度の誕生日プレゼントのつもりだけど。いいかな」俊彦はいたずらっぽく笑みを浮かべる。

「あら、それはだめよ。私の誕生日なんて四ヶ月も先の話じゃない。これはこれ。誕生日のプレゼントは別よ。誕生日には、別の素敵なプレゼントを待ってるわ」笑った顔を横に振って、彩は言う。

「なぁんだ。もっと後で買ってくればよかったかなあ」俊彦は頭をかきながら言う。

「残念でした。このジャスミンは私の誕生日プレゼントとしては受けつけませんから」

彩は俊彦の胸にまわしていた手をほどいて立ち上がり、キッチンに向かう。

「どう、お腹空いた?」流し台で手を洗いながら、彩は俊彦に呼びかける。

「んッ。いや、そんなに空いてないけど。冷たいビールでも飲みたいな」

「ＯＫ。私も喉が渇いてたところ。ビール、飲もうか」彩は冷蔵庫を開けて、ビールを取り出す。

「ああ、そうだ。確か、チリペッパーのチーズ詰めがあったんだ」彩は冷凍庫を開けて、ごそごそと中を探した。

彩は取り出したチリペッパーのチーズ詰めを六つほどレンジ用のタッパーに入れて、電子レンジで温めた。そして、チーズが流れ出るチリペッパーに爪楊枝を添えた小皿と、栓を抜いたビール、二つのコップをトレイにのせて居間に運んだ。

「おッ。美味しそうだね。そうか。これ、この前食べたやつか。美味しかったやつだな」俊彦は爪楊枝をさしたチリペッパーを一つ口に入れる。

「そう。ビールに合うもんね」

ソファーの隣に座った彩は俊彦が持ち上げたグラスにビールを注ぐ。そして、俊彦もビールを彩に注ぎ返す。勢いよく注いだために、一気に泡が立ち上がる。彩は急いでグラスをテーブルに戻したが、その前に泡がグラスのトップから溢れ出した。

「アッ。ごめん」俊彦が謝る。勢いよく溢れた泡がテーブルから床に流れ出しそうになるのを、彼がすかさず手でせき止める。

キッチンからもってきた布巾で、彩はテーブルにこぼれたビールをすばやく拭きとる。

「ありがとう。床まではこぼれなかったよなあ」俊彦はテーブルの下が濡れていないか、のぞき込む。

「大丈夫、大丈夫。俊彦さんが、手で止めてくれてたから」そう言って彩は、濡れた布巾を小さくたたんでキッチンにもっていく。

「じゃあ、乾杯。ジャスミン、本当にありがとうね」居間にもどって俊彦の横に座った彩はベランダの鉢に目をやったあと、グラスを持ち上げて彼に差し出した。

「どういたしまして。乾杯」俊彦もグラスを上げ、彩のグラスに傾ける。カチンと軽い音が響いた。

子供をつくるのはちょっと待って

二人にとって恋愛中と結婚後では、ライフスタイルが違ってくる。恋愛中は、相手が本当に自分のパートナーとして相応しいのかを見定めて、二人の関係を築き上げる期間。そうして見つけたパートナーと、親戚関係や仕事といった様々な現実的な要因の中で、毎日を地道に繰り返していくのが結婚後の生活。こう言うと結婚するって現実的で、楽しくもなんともないように聞こえてしまうけれど、結婚をしたからこそ楽しめることがいっぱいある。二人の気持ち次第だ。

恋愛と結婚の間に、太い線を引く人が多い。恋愛中、君はこうだったけど、結婚したらこんな風になっちゃったって具合に。でも恋愛と結婚の間に、そんなに大きな隔たりはないのだと思う。ただ生活環境とその要因が変わってしまうだけのこと。ところが、子供ができる前と後では、二人の生活は一転する。子供をもつ、もたない。その間に太い線があるような気がするけれど、どうだろう。

せっかく大好きな彼や彼女と結婚して、これからもっと楽しもうというときに、すぐに子供をつくってしまうと、子供に振り回されて、二人の生活が定着しないことになる。出産年齢を考慮しなければならないけれど、時間が許せば、まず二人の生活を楽しむことに全力投球しよう。そう、結婚をしたら、恋愛中に築き上げた関係をさらに深く固めるためにも、まず二人の生活を堅固なものにしよう。そうしてから、二人の家庭に子供を迎え入れよう。その順序が狂ったり、その間隔が短すぎたりすると、子供を育てていく過程や、子供が巣立ったあとの夫婦の関係が変わってきたりする。日本の文化や慣行、現在の社会制度からでてくる現状の中で、子供ができて夫婦を取り巻く環境が変わってしまう前に、二人の気持ちをしっかりと結びつけておいてほしい。そんな二人の間に生まれた子供は幸せに育つだろうから。

子供のいる生活といない生活とでは、生活サイクルとパターンがまったく違ってくる。子供ができると、お洒落な洋服、バッグ、靴ともお別れ。二人でロマンティックなレストランへ出かけるなんて夢のまた夢。ファーストフード店か、せいぜいファミリーレストランへ行くのが関の山。子供が大きくなるまで、すべてがしばらくおあずけだ。

やがて子供が育ち、手を離れれば自由が手に入ると思っている人もいるかもしれないけれど、そのとき手に入れる自由と、若いあなたが今もつ自由とは同じではないことを覚えておいて。やりたいこと、実行できること、興味のあること、感じること、すべて年齢と境遇の違いから、子供が手を離れてからとは異なるのだ。

だから、まず二人のために時間を使って。二人がやりたいことを思いっきりして、たっぷり遊んで、そのあとで、計画的に子供をつくろう。子供はかわいい。大好きな彼の子供が欲しい。そう思うのは当然かもしれない。でも、彼はずっとあなたのそばにいるわけだから、ここ数年という時間が待てないはずはない。

最近では、子供をもたない夫婦が増えている。晩婚になったせいもあるけれど、子供のいる生活が二人の人生をいかに変えてしまうかということを考慮しての決断だと思う。子供をもつ、もたないは、二人で決めること。よく話し合って決めてほしい。子供をもつ——そう決めたとしたら、まず二人の時間をエンジョイしてからにして。それからでも子供はつくれるから。

美智子と啓介の場合9

「ミッチ。ミッチ、どこにいるんだ?」仕事から帰って、ダイニングルームに入ってきた啓介は、美智子の姿を捜す。

「ミッチ」彼女からの返事はない。

今日は思ったよりも早く仕事を終えてオフィスを出ることができた。職場の同僚から夕食を一緒にしないかと誘われたが、ここのところずっと早く家に帰っていなかった啓介は、それを断って家にまっすぐ帰ることにした。家についたのは、七時を過ぎ

たところだった。

「ミッチ」啓介はスーツを脱いで普段着に着替えるために二階の寝室に向かいがてら、彼女を呼んで家の中を歩いた。

美智子は寝室の隣にある慎二の部屋から、右手の人差し指を口の前で立てて、静かにというポーズをとって出てきた。そして、部屋のドアを静かにゆっくりと閉めてから啓介の方を振り返って、下に行きましょうというジェスチャーをした。啓介と美智子はそろってダイニングルームへ向かった。

「どうしたんだ。慎二に何かあったのか？」啓介はダイニングルームの椅子に腰を掛けてから美智子に聞いた。

「慎二、熱を出してるんです。何とか熱が三十八度より下がって落ち着いて、今やっと眠ったところなの」美智子はポケットから体温計を出して、温度を下げるために大きく振った。

「いつからなんだ？」啓介は立っている美智子を見上げるようにして尋ねる。

「昨日の夜から。昨日、学校から帰ってきたときに赤い顔をしていたんで、額を触ってみたらすごく熱かったの。体温を測ったら四十度を超えてたのよ」美智子は体温計を水道水で洗って乾かし、ケースに納めてからダイニングテーブルに置いた。

「昨日から？　医者には連れてったのか？」

「ええ。今日、行ったわ。先生は風邪だろうって。注射をして飲み薬をもらってきたところ。おかげで、少しずつ熱も引いて、やっと眠れるようになったみたい」

「そうか」

「あ～あ」美智子が大きなアクビをした。

「ミッチ、昨日、寝たのか?」

「ううん。ずっと慎二に付き添ってたから、ほとんど寝てないの。何度も吐いたしね」

　昨夜、啓介は午前様で帰宅したので、風呂にだけ入るとまっすぐにベッドに入った。美智子がベッドにいないことには気づいたが、疲れていてそのまま眠り込んでしまった。今朝はぎりぎりまで寝ていて、美智子とろくに話もせずに家を飛び出していた。

「啓介さん、今日は早かったのね。夕食まだよねえ。私、慎二のことがあったから、夕食の買い物に行ってないのよ。ちょっと待って、冷蔵庫に何かみつくろってつくれるような材料がないかしら」美智子は冷蔵庫を開けて中を見回す。

「ちょうど、肉も魚もきらしちゃってるわねえ。野菜があるだけか」彼女は冷蔵庫の引き出しを開けて独り言を言う。

「何もないみたい。ごめんなさい。でも、野菜があるから、味噌汁と……それから玉葱と人参とピーマンの野菜炒めぐらいならできると思うわ。それでいいかしら」美智子は冷蔵庫に突っ込んでいた顔を出して啓介の方を向いた。

「んッ。いや、いいよ」啓介はそう言って小さなため息をついて、壁にかかっている時計に目をやった。

「これから、慎二におじやを作るところなの。でもおじやなんて食べたくはないわよねえ」保温になっているジャーからご飯をなべに移しながら、美智子は尋ねる。

「んッ、いいよ。ちょっと、外にでも出てくるよ」啓介は椅子から立ち上がる。せっかく早く帰ってきたのに。

啓介は、玄関に出て靴を履いた。

「じゃあ、ちょっと出てくる」啓介はキッチンでガタガタと音をたてている美智子に玄関から声をかけ、ドアを開けて外に出る。

啓介は、同僚が行くと言っていた店に出かけてみようかと思っていた。こんなことならば、最初から同僚の誘いにのっていれば良かったなと、足元を見ながらつぶやく。

仕事はできるだけ二人で続けよう

仕事をすると、第三者をまわりにおくことになるから、視野や会話の幅を広げたり、自分が他者にどう見えるかを確かめたりして、自分を磨くことになる。だから男性だって女性だって、結婚をしたあとも仕事を続けることをお勧めしたい。主婦は三食昼寝つきで楽な生活、なんて言わせないためにも、女性だってできるだけ仕事を続けよう。子供がいたって、それなりにできることがないか、考えてみよう。要は、いつも何かをしているということ。外に出て働いていないと、往々にして外見だけでなく内面を飾らなくなったり、自分を磨くことを怠ってしまう。そうするとあなたは夫や妻から素敵に見えなくなってしまう。

結婚したからと言って、子供ができたからと言って、それまで続けていた仕事を辞めてしまう女性がたくさんいる。それが夫の勧めであろうと、妻の選択であろうと、とても残念なことだ。理由は仕事と両立して夫や子供の世話をするのが大変だから。じゃあ、子供が手を離れて、仕事をしてもいいかなと思ったときに、錆びてしまったスキルをどうするのか。簡単に取り戻せないのがスキル。それに雇用者側だって、あなたがしばらく働いていなかったと聞けば、雇用するのを躊躇したり、給与面で足元を見ることになる。

小さな子供をかかえての仕事は大変なこと。まして、乳児や幼児を預かる施設が限られている現状では、なおさらだ。まだまだ少ないが、職員の乳幼児を預かる施設を併設する会社がでてきているのは心強い。同じ問題をもつ家族同士の情報交換ウエブサイトなどもある。そんなサイトを利用して、自分の家庭で活用できそうな情報がないかと探してみてはどうだろう。どこかの誰かがよいアドバイスをしてくれるかもしれない。フルタイムの仕事のために子供を預かってくれる施設や方法が見つからなかったら、自分の働く時間を調整してみよう。結果としてパートタイムで働いたり、自宅で働く仕事をもつことになるかもしれない。働く条件はあまりよくないかもしれない。でも自分を磨く手段になるのだと思えば、それはそれでいいじゃない。

二人で働けば、一人で働くよりも収入が増える。収入が増えれば、経済面だけでなく、精神的にも余裕がでてくる。精神的に余裕のない生活はキシミがちになって、夫婦間でどうでもいいことで言い争ったり、小言を言い合う結果になったりする。お金があれば幸せになるというわけではないけれど、お金があったほうが家族の歯車がうまく回るのだとしたら、それに越したことはない。

それに世の中に家事を仕事と認めていない夫がまだまだたくさんいるとしたら、それが正しいか正しくないかは別にして、そんなことを言わせないように、女性だって外で働こう。夫のもつ〝おれが家族を養ってやってる〟という感覚が薄れるのだったら、それでいい。なんせ、自分の魅力を磨くために仕事を続けることで、そんなくだらないことを夫に言われなくてもいいのだから、一石二鳥というものだ。

それに、離婚なんていう結果にはなってほしくないけれど、もしそうなったとき、仕事を続けてきたことがポジティブに働くのは間違いない。それに離婚をしたいのに、自分の生活力がないから別れられないなんて、そんなの困ってしまう。

新聞に、女性からのこんな投稿記事が載っているのを読んだことがある。夫が外に女をつくって家に寄りつかなくなったので、離婚を思いつくが、仕事をしていない彼女には、子供と二人で暮らしていくための生活力がないために夫に離婚を切りだせなかった。そのかわりに、夫には内緒でパートタイムで働き、離婚したあとの生活資金を作るために、稼いだお金を彼女名義で貯めていくことにした。確か週二、三日のパートタイムだったと思う。十年が経ち、二十年が経ち、預金が膨らんでいった。その間に子供が手を離れ、浮気の終わった夫は家に帰ってくるようになった。夫が退職したときに、彼女の預金は一千万円を超えていたとか。そのときには、離婚しようという意思もすでに消えてしまっていて、これからは夫とともに余生を楽しく暮そうと思っている、と投稿記事は終わっていた。

彼女の場合、離婚するためにお金を貯めなければ――そんな思いが仕事に駆り立てている。子供をかかえ、夫からの支えもなく仕事を続けることは大変だったと思う。でも彼女には現状から抜け出して離婚するという大きな目的があったから、預金通帳の数字がどんどん膨らんでいく過程で、気持ちが少しずつ満たされていったに違いない。彼女の目的である離婚へと、一歩一歩近づいているのだから。そんな風にして、距離をおいて見ているうちに、たまたま夫が家にもどってきたころには、長い時間が経過したために強い怒りも消えてしまう。仕事をもっていると、未来をポジティブに変えてしまうのかもしれない。

結婚をしても、子供ができても、何とか仕事を続けていこう。自分を延々と磨きつづけるために。

彩と俊彦の場合9

「準備できたか。もう出なくちゃ。間に合わないぞ」鏡の前で髪を整える彩に、背中から俊彦が声をかける。

「あと一分。ちょっと待って」彩はとかしつける櫛の動きを速める。

二人はこれから青山劇場で公演中のミュージカルを観に行くことになっていた。同じ外資系証券会社で会計士として働く俊彦とマーケティング部で働く彩は、ここのところ、それぞれに仕事が忙しく、週末は一緒に過ごすことができないか、疲れ過ぎていてテレビの前でゴロゴロするかを繰り返していた。

今週はじめに、彩が新聞広告でこのミュージカルを見つけて、俊彦を誘ったのだ。週末はのんびりしたいと思っていた俊彦を、久しぶりに外出するのもいいと説き伏せた。忙しいほうが、時間を大切に効率よく使えるというものだ。

久しぶりの観劇だった。二人ともコンサートやミュージカル、演劇を観に出かけるのが好きだったが、年度末で俊彦の仕事が忙しかったり、新しいイベントの企画で彩が忙しかったりで、ここ半年ばかりは機会を失っていた。

「久しぶりのミュージカルねえ」彩の声は弾んでいる。

「うん、本当に。ここずっと忙しかったからなあ」俊彦が言う。

「私なんか嬉しくて、昨日、仕事の帰りにヘアーサロンに行ったんだから。いつもそうだけど、ヘアーサロンでやってもらうと完璧なのに、どうして自分でブローすると同じようにならないのかしら」彩は櫛を使って内側から何度も髪をなでる。

「どこもおかしくなんかないよ。さあ、もう行くぞ」そんな彩を眺めている俊彦が急かす。

「あ〜ん。いいわ、もういいか」彩は諦めて櫛を鏡の前に置く。

そそくさと家を出た二人は、近くの駅まで急ぎ足で歩く。彩は俊彦の右腕に自分の左腕をからませて横を歩く。土曜日の午後とあって、駅へと向かう歩道には、幅広い年齢の男女がひしめいている。二人はその間を縫うようにして歩いた。

「開演まであと二時間？　大丈夫よね」通りの反対側に掲げられた電光掲示板が示す時計を見て、彩が言う。

「うん。大丈夫だと思うよ。予約してるチケットをピックアップする時間を考えて、一時間前には劇場に着いてなくちゃいけないけど。これから二時間だろう。大丈夫さ」


二人が劇場に着いてチケットを手にしたのは開演の一時間と十五分前だった。開演を待つ間、二人は劇場内にあるカフェで時間をつぶすことにした。

「おい、川上じゃないか」カフェの奥に向かって歩いていた俊彦と彩に、近くのテーブルから声がかかる。

「おッ。渡辺さん」声のした方を見ると、二人の働く証券会社で、俊彦の隣の部署の人事課で働く渡辺課長が座っていた。俊彦の友人の博が渡辺の課にいる。

「君たちもミュージカルを観に来たんだよな」渡辺が言う。

「ええ、そうです。これ家内の彩です」俊彦が初対面の彩を紹介したのを受けて、彩は小さくお辞儀をする。

「はじめまして。渡辺です。彼とは隣同士で働いています。これがうちの家内です」渡辺は、向かいで笑みを浮かべている妻を二人に紹介した。紺色のスーツのポケットに差し込まれた白いレースのハンカチが無造作に胸のところで花を咲かせていて、渡辺の妻は清潔そうなイメージを与えている。

「はじめまして。いつも、渡辺がお世話になっています」おだやかな声で渡辺の妻は夫の言葉を追った。

「こちらこそ。課長にはいつもお世話になっています」俊彦が言う。

「どうだ、よかったらここに座らないか」渡辺は、隣の椅子を引いて二人を促した。

「お邪魔じゃなかったら、喜んで」俊彦は了解をとるように彩を見ながら言った。彩は微笑んで頷いていた。

二人は渡辺夫妻のテーブルにつき、俊彦はコーヒー、彩はレモンティーを注文した。渡辺夫妻の前にはコーヒーが二つ置いてあった。

「君が職場でこのミュージカルのことを話してただろう。それをうちのに話したら、是非とも行きたいっていてきかないんだ」渡辺は正面の妻をチラリと見てから、俊彦に視線を移した。

「まあ、そんな、あなた」渡辺の妻が夫を恥ずかしそうに見つめる。

「うちのは保母として働いてるんだけど、何せ忙しいらしくて。最近は共稼ぎのカップルが多いからね。時間外で子供を延長して預かってくれって、突然頼んでくる親も毎日のようにいるらしいし。うちの場合、自分の子供を職場に連れて行くわけだから、とても便利でいいんだけどね。まあ、そんな感じでうちのもずっと忙しいのにがんばってたから。それに僕も息抜きがしたかったし、ミュージカルもいいかっていうんで、今夜はうちの子を僕の親に預けてここに来たんだよ」渡辺はコーヒーカップを口に運んだあと、楽しそうにそう言って、カップをテーブルに戻す。

「お忙しいんでしょうねえ。家に帰ってからも子供さんがいたんじゃあ、本当に自由時間がないでしょうし」俊彦は渡辺の妻の方を向いて言う。

「忙しいですけど、やりがいがありますよ。子供さんを預けにくる共働きの方たちも一生懸命ですからね。忙しい時間をやりくりして、子供さんを送り迎えされるんです。私なんか自分の子供を通勤がてら一緒に連れて通うってだけのことなんですが。そんなカップルさんたちを見ていると、忙しいけど私もがんばらなくちゃって思いますよね」渡辺の妻の目は輝いている。

「まあ、そんな感じで、今日は子供を親に預けて久しぶりに二人でゆっくりしようってことなんだ。なんだかんだ言っても、親が近くにいると頼りになるね」渡辺がさらに続けた。

「そうですか。じゃあ、今日はお二人でのんびり羽が伸ばせるってもんですね」俊彦は渡辺夫妻を交互に見ながら言う。

「まあなぁ、親も久しぶりに孫が家に泊まっていくっていうんではりきってたよ。うちの子の好きなカレーを作ってやるんだって。まあ、僕たちとしては本当に助かるんだけどね」渡辺が笑いながら嬉しそうにしゃべっている。

「川上さんたちは、よくミュージカルの観劇に出かけられるんですか?」渡辺の妻は、両側に座った彩と俊彦を交互に見ながら尋ねる。

「ええ、まあ。僕たち、ミュージカルも演劇も大好きなんです。結婚する前はもっと頻繁に行ったんですけどね。僕たちはまだ子供がいないので身軽なんですが、最近は二人とも仕事が結構忙しくて来られなかったんです。でも家内がこのミュージカルを新聞で見つけて、行きたいって言い出して。本当に久しぶりなんです」俊彦は一口飲んだコーヒーをテーブルに置く。

「そうなんです。これって六ヶ月ぶりぐらいなんですよ。これを機会にもっと出かけなくちゃって言ってるところなんですけど」彩は渡辺の妻に向かって答える。

「そうか。君たちにはまだ子供がいないんだよな。じゃあ、もっと外に出て遊ばなくちゃ。若いときじゃないとできないことがいっぱいあるだろうからな」渡辺は、俊彦と彩に向かってそう言いながら、自分にも言い聞かせるように何度も頷いている。

ミュージカルはインターバルを挟んで、一時間半ほどの公演だった。渡辺夫妻とは席が離れていたため、カフェを出て、それぞれの席に向かうエントランスドアのところで別れた。久しぶりのミュージカルに彩と俊彦はじっと見入り、感動して劇場をあとにした。

「やっぱり、いいわね。ミュージカルって」彩は深いため息とともに、熱くなった胸を押さえた。

「ああ。良かったな。久しぶりだったから余計に良かったように感じたのかなあ」俊彦も彩に同調する。

「また、来なくちゃね」彩は甘えるようにして俊彦の右腕に自分の左腕を絡ませる。

「そうだな。疲れてるからなんてついつい先送りしてたけど、やっぱり、来てみるといいよなあ。渡辺さんが言ってたみたいに、働いてたって時間を有効に使えるってもんだ」俊彦は頷いて彩の方を向く。

「そうよね。忙しいのに渡辺さんの奥さんの笑顔、光ってたものね」彩は渡辺の妻の様子を思い浮かべる。

「えーと、今、七時十五分前か。ちょうどいい時間だな。じゃあこれから焼肉を食べに行くとするか。お腹すいた？」俊彦は腕時計に目をやって時間を確認し、腕を組んで隣を歩く彩を見る。

劇場近くにある韓国料理店にテーブルの予約を入れてあった。俊彦は恋愛中からこういったところがきっちりしていて、コンサートや観劇に行くと、必ず夕食をとるレストランに予約を入れるのを忘れなかった。

「うん。とっても」彩は早く行きましょうと催促するように、組んだ腕を大きく前後にスイングさせる。

「まったく、彩は食べることには目がないからな」俊彦が呆れたような顔を彩に向ける。

「どうも、すいませんねえ。どうせ私は食べることばっかり考えてる大食いです」彩は腕をほどいて、数歩前に走り出て俊彦を振り返って笑いながら言う。

「まあ、仕方ないさ。慣れたからね。でも、年寄りになってあんまり太るなよなあ」俊彦が笑って答える。

「大丈夫。私ってエネルギーの消費率が高いんだから。まあ、おばあちゃんになって太るかもしれないけど、かわいいおばあちゃんになるつもりだから」彩は自信ありげに言った。

「本当かねえ。そうなればいいけど」彩に追いついた俊彦は彼女の額をこつんと小突いた。

家事を分担しよう

炊事、洗濯、掃除のみでなく、クリーニングのオーダーとピックアップ、買い物、鉢ものへの水やり、近所への伝言、車のワックスがけなど、二人がともに生活していく中でやらなければならないことは山のようにある。そんなにたくさんの仕事を一方に押しつけないで。二人で暮しているのだから、それを共同でこなしていこう。きっちり半分半分に分けようとすると、無理が出てくる。お互いの得手、不得手を考慮して分担しよう。あるいは、どちらとも不得手だから、二人で何とかしようとか。今日は、私がこれをする。明日はあなた、といった具合に。もし、二人ともできなければ、できないなりの策をとればいい。重荷と考えないこと。重く考えるから負担に思えてしまう。何らかの策、例えば、今日はどちらも疲れたから、料理を作るのはやめて外食しようとか、コンビニで何かを買ってこようとか。洗濯だって、今日洗わないからといって明日着る服がなくなるわけではないのだから、明日にしようとか。二人で一緒に家事をしよう。一人で二人分の何かをするのではなく、二人分を分担して、それぞれがその一人分をこなすようにしよう。

いまだに、洗濯、掃除、炊事といった家事を女性の仕事と思っている男性がいるとしたら、蹴飛ばしてやろう。女性が家事をうまくできることを美徳であるかのように扱う世間や、それを受け入れる男性と女性。長年の間に洗脳された考え方だ。外国でも同じような考え方は存在したけれど、もう何十年も前に廃れてしまっている。国際化に伴って、こんなにいろいろな文化や考え方が外国から入ってきているというのに。男性中心の日本社会では、男性に都合がいいように、あえてそんな影響を無視しようとしているのだろうか。困ったものだ。

外に出て仕事をしている女性が、家に帰ってまで、すべての家事で頼られているとしたら、負担は大きい。仕事か家事、あるいはその両方にしわ寄せがきてしまうのは当然のこと。それでもって、男（そんな夫たち）が職場で女は仕事に打ち込まない、なんて文句を言う。どこか変じゃない？

でも、そうは言いながら日本でも時代は変化しつつある。あなたの祖父母の時代、親の時代、そしてあなた自身の時代。比較してみて。スローながらも間違いなく変化が起こりつつある。確かに、家事についてはまだまだ男性が女性に頼る部分が大きい。でも、キッチンでサンマを焼く夫や、洗濯をする夫、掃除機をかける夫の姿がちらほらと見られるようになってきている。こんな変化は妻だけでなく、実は夫にとってもいいことなのだ。妻がいないと何も勝手がわからないというのでは、夫自身だって不便だろう。実用性から出てきた変化なのかもしれない。

仕事から帰ってきた夫は、ビールを片手に、枝豆をつまんで、テレビの前でふんぞり返って野球を観てる。妻は仕事帰りに寄ったスーパーで夕食の買い物をすませ、そそくさと帰宅。休む間もなくキッチンに立って夕食の準備。

こんなのフェアじゃない。家事のためにどちらか片方に一方的に負担がかかってしまうなんて。結婚は長い長い間、二人が共同生活をしていくこと。一日は短い時間だけれど、その小さな負担が毎日のように積み重なれば、長い間には雪だるま式に膨れ上がっていき、どこかで爆発してしまうことになる。

二人で家事を分担しよう。今まで一人でやっていた家事仕事を分担すれば、それを終えたあと、二人に同じように自由な時間ができる。そうしたら、その空いた時間を有効に使って、一緒に何かできる。ベッドに入る前に、お互いに空いた時間を使ってチェスを習いはじめるとか、それぞれに読書をするとか、リラックスしてテレビを観るなんてことだってできる。

突然、ほらよって家事を投げ出しても、きっと夫は驚くだけで、笑うなり怒るなりして、全然やってはくれないかもしれない。少しずつ投げつけてみたらどうだろう。最初から、ひとつのことを一から十まで完全にするようなことは頼まない。気分がよくないから、洗濯機がとまったら洗濯物を物干しにかけといてって頼んだり、どうしても明日までに仕上げないといけない仕事があるから、食器だけ洗ってラックにあげといて、お願い、なんてちょっと頭を下げながらかわいく言ってみる、なんてどうだろう。今日からでも、トライしてみて。

彩と俊彦の場合10

　俊彦が帰宅すると、彩はすでに近くのスーパーマーケットで買い物を済ませ、キッチンで夕食の準備をしていた。

　俊彦は背広から普段着に着替えてキッチンへ。そして、冷蔵庫からビールを出して栓を抜き、キッチンで何やらこしらえている彩に、半分飲まないかと誘う。ビールを二つのグラスに注いで、彩に一つを差し出す。

「何か手伝うことないか」冷えたビールを勢いよく飲んで、グラスを半分ばかり空けた俊彦が彩に申し出る。

「そうねえ。もうすぐここはできそうだから、お風呂場に積み上げてある洗濯物を洗濯機に入れて、スイッチを入れてくれる?」ビールグラスをまな板の横に置いて、彩はねぎをみじん切りにしている。

「OK」俊彦は残ったビールを一気に飲み干し、ダイニングテーブルに空になったグラスをひとまず置いて、風呂場に向かう。

「洗濯機のスイッチ、入れといたよ」しばらくして戻ってきた俊彦は、残りのビールを自分のグラスに注ぎながら、キッチンの彩に言う。

「ありがとう。助かるわ。夕食、もうすぐできるからちょっと待っててね」ビールを飲んだり、野菜を刻んだり、彩の手が忙しく動く。

「ああ。でも、そんなに急がなくたっていいよ。まあ、ビールでも飲みながらゆっくりやってくれよ」俊彦は、再びビールを口に運ぶ。

俊彦は彩が夕食をつくり終えるまでの間に、ダイニングテーブルに、箸や湯のみ茶碗を運んで食卓の準備をする。夕食ができあがると、俊彦は彩を手伝って皿に盛った焼いた塩鮭とナスの炒め物、冷奴、サラダをダイニングテーブルに運んだ。

俊彦と彩はいつものように向かい合ってテーブルについた。

「もう少し飲む？」俊彦は彩にビールを勧める。

「うん。もうちょっとだけ」彩はグラスをもち上げて、俊彦の方に差し出す。

「じゃあ、残りは僕の分」俊彦はビールを彩のグラスに注いだあと、残りを自分のグラスに注いで瓶を空けた。

「もう一本、飲みたい？」彩が聞く。

「いや、今夜はもうこれでいいよ。冷めちゃわないうちに、この塩鮭を食べないと」

隅が若干焦げて香ばしい香りを放つ鮭に鼻を近づけながら、俊彦が言う。

「じゃあ、ご飯でもよそおうか」彩が立ち上がって、テーブルに置いたジャーから二人の茶碗にご飯をよそう。

二人は、夕食をとりながら、いつものように、それぞれ忙しかった一日について語り合う。彩は今日のミーティングで初めて会った、他社からやってきた面白い社員について延々と語り、俊彦は職場の上司同士の喧嘩のタネがいかに小さくて馬鹿げていたかについて話して、彩の同意を得ようとした。

ゆっくりと夕食をとったあと、彩は汚れた食器を洗い、俊彦は洗濯物を乾燥機に移す。洗濯物が乾くまでの間、二人はテレビで今日のニュースを観る。しばらくしてから俊彦と彩は、まだ熱の残る洗濯物を、しわができないように折りたたみ、たたんだ衣類をタンスや引き出しにしまい込む
そして、ソファーに深く腰掛けて、お互いにもたれかかって、やっと落ち着く。テレビからはドキュメンタリーものの番組が流れている。長い一日がもうすぐ終わろうとしている。

子育ては二人で

うちでは子育ては、妻の責任でやってます、なんて言ってる夫がいるとしたら、さっさとさよならしよう。二人でつくった子供。家事を夫と妻が分担するのと同じように、子供を育てるのだって二人でする仕事。子供にはお父さんとお母さんの両方が必要なのだ。二人でしっかり育てよう。

どこから、子育ては主婦や妻の仕事という考えが出てくるのだろうか。主婦は家にいて、いつも子供と一緒にいられるから？　子供は本能的に母親を求めているから？　母性学から言って、男性には、女性に代わってできないことがあるから？　時間的なことを言えば、確かに、子供にミルクや食べ物を与え、オムツを替え、着替えをさせ、風呂に入れ、寝かしつけるといったことは、外で働いていない主婦がすることになるのかもしれない。妻が働いていたって、子供の世話をするのは、妻に依存することが多くなるかもしれない。母乳の授乳なんて、男性が逆立ちしたってできないこと。でも、その保育や養育、教育に対する考え方や姿勢、実践は、それぞれができることを考慮して、夫と妻の両者参加で決定して実行していくもの。すべて妻任せで、妻だけの考えで実行しても、夫が同意しなかったり、妻の考えを知らなかったりでは、子供が混乱してしまうだけ。それに子供に何かの問題が起これば、一方が他方を責める原因になる。子供の養育や保育には両者の参加がキーポイントになる。子供の問題からはじまって、親子のつながりが壊れ、そこから夫婦の関係の破壊へ。そんな風に進んでいく過程なんて、テレビ番組だけの話じゃない。

いつの時代でも言われているのが、登校拒否や非行といった子供の問題。職場への忠誠心を当然として考える日本の会社と、その中で生き残るために、長時間セッセと働く父親たち。そのしわ寄せとして、父親不在で母親任せの家庭が増加している。洗濯や掃除をたまたま家にいる妻に頼むのはいいが、子育てを妻だけに任せるというのはどうだろう。子供は本能的に父親と母親を身近な存在として意識している。両者が身近にいることが当然なのだ。ところが、その一方だけしか自分のまわりにいない、または両者ともに不在だと感じると、どこか不愉快で不満足で不安定な気持ちになってしまう。これって自然なことなのかもしれない。

私が小学生のとき、秋の運動会が開かれた。運動会は日曜日に開催され、例年、父親と母親がともに参加して美味しいお弁当をみんなで食べたものだ。ところが、その年、たまたま母親がけがをして運動会に参加できなくなってしまい、父親の妹、私のおばさんが代理で出席してくれることになった。彼女は私の大好きなおばさんだったたし、母親の代わりに美味しいお弁当も作ってきてくれることになった。でも、そのとき感じた、どことなく満たされない気持ちを今でも覚えている。

子供は自然に父親と母親を求めてしまうのだと思う。たとえ血のつながった親戚でも、そんな親の代わりにはなりえない。世の中には、様々な理由で片親に育てられる子供がたくさんいる。そんなふうに父親と母親を求めてしまう子供を片親で育てるというのは、本当に大変なことだと思う。もしあなたが夫や妻と一緒に子供を育てようとしているのだとしたら、少なくともその大きな基本要因をすでに満たしているということに感謝を忘れないで、そして子供に両者が満遍なく関わっていくことを考えてみて。

父親だけが外で働いていて、母親は主婦。父親、母親ともに外で働いている。母親だけが外で働いていて、父親は主夫(日本ではあまりないかな?)。いろいろなケースがあると思うけれど、二人が同じ価値観で子供に接していくことが大切なのだと思う。仕事が忙しくて、子供と一緒にいる時間が制約されるかもしれない。でも、がんばってほしい。子供と一緒にいられるように努力してほしい。飲み会に誘われたって、五回に一回は断ればいい。できるだけ週の初めに仕事をこなし、週の終わりの仕事を軽減して、子供が寝る前に帰宅するとか。努力のありなしで、状況は変わってくる。子供は両親と一緒にいる時間を待っている。そんな願望を、望んでも無駄だと諦めて子供が自分の殻に閉じこもってしまう前に、かなえてやろう。それで、少しでも子供の心の問題が改善されるならすばらしい。

子供の育て方や親の態度などについて、二人できちんと話し合おう。そして、外で仕事をしている、していないに関係なく、限られた時間を使って、それをどう分担するかを話し合って納得しておこう。子供は肉体的にも精神的にも刻々と成長し続けている。それにあわせて、二人の養育態度も変化させて。子供に一生懸命関われば、子供はそれを自然に受け入れる。二人の愛を感じれば、よりハッピーにもなるだろう。

そんな簡単なものじゃないと言われてしまいそうだけれど、子供がどうにかなってしまう前に、子供が二人の愛を感じることができる環境を整えるって大切なことだと思う。子供がハッピーになれば、親だってハッピーになる。家族の中で誰かがハッピーでなくなるとき、親子の関係や夫婦の関係のバランスが必ず崩れてしまう。

子供がどうにかなってしまってからでは、後戻りをするのに何倍もの努力と労力が必要になる。だから、今、親は努力を惜しまないでほしい。

美智子と啓介の場合10

「慎二、ほら、もっと食べなさい」美智子は、魚ののった皿をさらに慎二のほうに押して近づける。慎二は焼きサンマにほとんど手をつけていない。

「うん」慎二は返事をするが、サンマには依然、箸をつける気配がない。

「どうして食べないの。これ美味しいわよ。体にだってすごくいいんだから」美智子は自分のサンマを口に入れて、美味しそうに飲み込んで見せる。

慎二は美智子に顔を向けることもなく、茶碗をテーブルの上で右左に動かして、ときどきわずかな量のご飯を口に運んでいる。

「茶碗を引きずらないの。テーブルに傷がつくでしょう。食べ物をおもちゃにしないの。こういうものを食べないから、風邪や病気によくかかるのよ。食べなさい」叱るように、美智子は立て続けに言う。

「僕、サンマなんて嫌いだ」慎二は強い口調で言って、持っていた箸をテーブルに投げ出してうつむく。

「じゃあ、お母さんが骨をとって身を分けてあげるから、ほら、食べなさい」叱ったために反発していると感じた美智子は調子を落として、慎二のサンマを箸でほぐし、魚の身を皿の一方に集めながら優しく言う。

「いらない」慎二は下を向いたままだ。

「どうしたっていうの。学校から帰ってきたときには、お腹空いたって言ってたじゃない」美智子は慎二に顔を近づけるようにして尋ねる。

「クッキーを食べたもん」

「でも、それは、学校から帰ってきたときに食べたおやつでしょう。あとで、お腹空くわよ」

「お腹なんて空かないもん」慎二は突っぱねる。

「どうしたの。何か学校であったの？」

「別に」慎二は表情を変えない。テーブルの一点を見つめたままだ。

「じゃあ、どうしたのよ」

「何もないって言ってるじゃないか」面倒くさそうに言う。

「じゃあ、どうして食べられないの」美智子の声が早口になる。

「お腹空いていないって、言ったじゃないか」

話はどこにもいきようがない。

「じゃあ、何か他のもの作ってあげようか。何が食べたい？」美智子は何とか慎二の機嫌をとろうと、言葉をかえてみる。

「別に」

「別に――じゃあ、わからないじゃないの」

「別に」

「だから、別に――じゃあ、わからないって言ってるでしょう」調子を抑えていた美智子も、我慢しきれなくなってくる。

この秋、啓介は仕事の都合で慎二の運動会に出席できなかった。クラスで一番速いというかけっこの様子を見てもらうんだとはしゃいでいた慎二はすねて、しばらく父親を無視し続けた。それでなくても、慎二と過ごす時間が短い啓介は、さらに、息子との距離を置く羽目になってしまった。それから、慎二は、美智子に対しても反発するようになっていた。そうなると、美智子も慎二を叱ることが増え、さらに反発をかうという悪循環だった。運動会については、啓介の出席を安請け合いした手前、慎二が反発する原因を自分がつくったようで美智子は責任を感じた。

啓介に、慎二の様子が最近変だと相談してみたが、毎晩疲れて遅く帰ってくるせいか、何の返事もアドバイスもくれない。返事を迫ると、君が家にいて慎二を育てているのだから、何とか対処できるだろうと、怒ったような返事が返ってくるだけ。それでも迫ると、慎二が反発するのは美智子の育て方が悪いからだと、さらにどうしようもない返事が返ってくる。美智子は困って、彼女の両親にアドバイスを頼んだが、言うことを聞かないときには、しつけだから叱ればいいと言われるだけ。何でも叱って教えるというやり方には、どうしても賛成できない美智子だったが、現実、どうやって慎二に接しているかを見ると、あれをしなさい、これはするな、あれは駄目、これがいいと、命令を繰り返し、それで慎二が思うようにコントロールできないと叱りつけていた。あれこれと良策を考えるよりも、叱るほうがはるかに簡単だったからだ。自分のやり方は正しくないと思う半面、だったらどうしたらいいのかと堂々巡りを繰り返すうち、美智子のフラストレーションは大きくなっていった。やり場のない焦燥感にさいなまれ、慎二を叱れば叱るほど、罪悪感となって美智子の心に居坐った。そしてその罪悪感が大きくなるにつれて、啓介への苛立ちがつのっていった。

クラスの先生からの連絡簿によると、最近、慎二の落ち着きがなくなってきていて、どの授業でも前に比べて集中力が落ちてきているのだという。今まではどちらかというと、クラスでも率先して手を上げるような生徒だったのが、今では答えがわかっていても手も上げない。他の生徒が間違った答えを言っても、平気な顔をして、正すこともないのだそうだ。この調子ではたぶん、三学期の通信表では、算数にしても国語にしても成績が下がってしまうのではないかと先生は心配している。

「じゃあ、ラーメンでもつくってあげようか。それだったら食べられるでしょう?」

美智子はいらだつ気持ちを何とか抑えて立ち上がる。ラーメンはいつでも慎二の大好物なのだ。

慎二は返事もせず、テーブルのあちこちに視線を動かしている。

美智子はキッチンで卵ともやしとネギをのせて、手早くインスタントラーメンをつくる。

「さあ、できたわよ。これなら食べられるわよねえ」美智子はサンマの皿とつつきまわされたご飯茶碗を横にやって、湯気のあがるラーメンのどんぶりを慎二の前に置く。

慎二は箸を持ち上げてラーメンをすすり始める。お腹が空いていたのだろう。ラーメンを食べ終えるとすでに九時を回っていたので、美智子は慎二を子供部屋に寝かしつけた。それからダイニングルームにもどり、二人分の食器を流し台に運んだ。キッチンに立って慎二の皿に残ったサンマを見ていると、突然、美智子の頬を涙が流れた。何がどう間違っているのか。今、どうしたらいいのか。わからない。混乱すればするほど、誰も助けてくれないという不安感とフラストレーションが胸の中に広がって、涙が溢れた。

啓介はまだ帰ってこない。いつものように、いつ帰るという連絡の電話もない。美智子はポツリと家の中にいた。独りぼっちだった。

いつまでも飾ることを忘れないで

結婚をした途端に、うちのかみさん化粧もしなくなってね、なんて、よく聞く夫の愚痴。好きな男性が自分のものになり、どこかに行ってしまうかもしれないという緊張感がなくなって、自分を飾ることを忘れてしまうのか。それとも急に経済観念(?)が発達して、自分を飾ることが無駄だと思うようになってしまうのか。あれだけ気になったウエストラインなのだから、結婚してからだって注意を払い続けよう。ヘアーサロンだって定期的に行こう。心地よい部屋着ばかりに身を包むのではなく、時には、ちょっとお洒落に着飾ってみよう。

相手からよく見られるために、飾って飾って嘘の自分をつくり上げなさいっていうわけじゃない。前にも言ったように、そんなの本当の自分じゃないし、第一自分が疲れてしまう。相手だって誤ったイメージをもってしまうから、化けの皮がはがれたときに何て思うことか。恋愛中でも結婚したあとでも、本当の自分を表現しながら、適度な緊張感をもって自分を飾ろう。そして恋愛中と結婚後とで、極端に自分の姿を変えないようにしよう。その差が激しいから、相手が幻滅したり、とまどってしまうのだ。その差を抑え、しかも相手を常に意識して、外見的にも内面的にも飾ることを忘れなければ、いつまでも魅力的でいられる。うちのやつ、結婚してからのほうがずっと綺麗になったな、なんて夫に言わせたいじゃない？　夫がいつでもどこでも平然とオナラをするようになった、と嫌そうに妻が言う。変わってしまうのは女性に限った話ではない。恋愛中、彼女の前でオナラなんて一度だってしたことがなかったというのに。間違いなく緊張がほぐれすぎている証拠だ。夫が突然太ってしまうなんて話もよく聞く。男性の場合、不規則な食生活をしていた独身時代と違って、結婚後は三食をきちんととるようになって太ってしまうのかもしれない。でも、腹筋運動だとかジョギングだとかちょっと努力すれば、独身時代の体型を保ったり体重の増加を最小限にとどめることは可能でしょ。

電車の中やデパートで、まわりの人からあなたの妻がずうずうしいおばさんと呼ばれ、顔をしかめられたくなかったら……。あなたの夫が、腹の出た気持ちの悪いおじさんと呼ばれたくなかったら……。お互いに刺激し合って、飾ることに目覚める必要があるんじゃない？　結婚は法で定められた社会的ルール。絶対的な拘束ではない。だから結婚してからだって、自分のものにしたはずの彼や彼女が離れていってしまうかもしれない。恋愛中と違うのは、社会にある法的ルールが二人の在り方を保護するということ。保護されている分だけ二人の在り方は恋愛中よりも安定しているのかもしれない。でも、やっぱり絶対的なものじゃない。他の国に比べて日本の離婚率はまだまだ低い。でも、その率は昨今間違いなく増加傾向にある。しかも加速度的に。

だから、結婚したからといって安心はしていられない。外見的にも内面的にも飾ることを生涯忘れないで！　あなたの魅力で夫や妻をしっかりとつかんでおこう。

美智子と啓介の場合11

「彼女、なかなかできそうだね」隣に座る山田が、体を傾けて啓介に顔を近づけて耳打ちする。山田はコンピュータ関連会社で、啓介と同じ広報企画課に席を置いている。

「うん、そんな感じだな」この会議でテーブルの上手の席で立ち、さきほどからしばらく説明をしている女性に目をやりながら、啓介は小声で山田に答える。

「なかなか綺麗だし。いいねえ」山田がニヤリとする。

ラップトップをつないだプロジェクターから、次々と資料がスクリーンに映し出される。淡いグリーンのスーツを着て、黒いパンプスを履いた背のスラリとした女性が、テーブルに置いた資料に時々目を落としながら、スクリーンに映されるそれぞれのページに説明を加えている。

啓介の会社と今回の広報キャンペーンを共同企画する会社とで、このミーティングは行われている。佐藤と名のった彼女は、その相手の会社の広報課のメンバーらしい。

啓介の会社で来春発売予定の新作ソフトを、その相手の会社が出すハイエンドのパソコンにプリインストールして、新しいパソコンのコンセプトを売り出そうという企画だった。

　朝、九時半から始まった会議は、もう二時間を過ぎようとしている。各自の前に置かれたコーヒーカップも空になるか、コーヒーが残っていても完全に冷め切っていた。啓介のコーヒーカップは空になっていた。

　彼女から会社とパソコンについての一般的説明があった後、相手の会社からもう一人の男性が前に立ち、プリインストールをするというパソコンのテクニカルな説明を加えた。

　そのあと、彼女はミーティングの舵をとるために再び立ちあがる。

「それでは、両社からの説明が終わったところで、パソコンの出荷予定にあわせて、これからの具体的キャンペーンについて話し合っていきたいと思います」ホッソリとした指で、彼女はプロジェクターのスイッチを切った。

　結局、会議が終わったのは午後一時を回っていた。キャンペーンについて両社の企画課のメンバーは、すでに事前にいくらか話し合いを済ませていたから、この会議では全体的にそれをまとめることと、その提案についてトップ層からオフィシャルに承諾を得ることが目的だった。キャンペーンの予算額について、相手の会社の企画部長が渋い顔を見せたが、啓介の会社の企画部長が独自に行ったマーケットリサーチの結果を見せながら、出荷台数の予想は厳しく見積もっているが、実際の出荷台数は間違いなく見積もり台数を超えるだろうと説得して、キャンペーン企画がほぼ事前の話し合いどおりに進むこととなった。

「今日の会議は長かったなあ。お腹空いたよ」会議テーブルに両手をついて立ち上がった山田が啓介に言った。

「ああ、まったく。濃厚だったしな。相手の会社と事前に話し合いはしてたけど、どこでどうひっくり返されるかわからないしな」啓介は会議で使われた資料をまとめて大きな封筒に入れながら漏らす。

ちょっと遅い昼食をとろうと、啓介と山田は同ビル内の地下食堂に下りるエレベーターに乗り込む。

「しかし、あの佐藤さんって彼女、魅力的だったなぁ」山田の発言にエレベーターに乗り合わせていた女性が振り返ったのを見て、啓介は返事をせず、代わりに降りてから話すよ、といった目配せを送った。

もう一時を過ぎているため客は少なく、食堂はガランとしていた。山田と啓介は周りに誰もいない、壁側に面した四人掛けのテーブルに向かい合って座った。水を運んできたウエイトレスに、二人はカツカレーを注文した。

「佐藤さんって、結婚してるのかなあ」山田はあたりを見回して周りに誰もいないことを確認して、早速彼女の話を始める。

「さあ。どうだろうね」啓介が首をかしげる。そして、水を一口飲む。

「左手の薬指に指輪をしてたけど。なんか結婚してるとは思えないね」まるで信じがたいというように、山田は首を微妙に左右に振る。

「そうなんだ、結婚してるのか。何て言うか、切れるっていう感じでバリバリのキャリア系みたいだから、独身だって言ってもおかしくないのにな」結婚をしていようと結婚をしていまいと、バリバリ働く女性がいたっていいじゃないか、と思いつつも啓介はそう言っていた。結婚をして失うはずのものを、彼女はそのまま持っていただけのことだ。

「ああ。彼女、三十歳は超えてるかな」山田が質問を繰り返す。

「そうかな。若くも見えたなあ。でも、キリッとして説明をしているとこなんて見ると、結構年齢いってるのかなとも思えたりして。よくわからないな」啓介は首をかしげてみせる。

「何となくうちのやつと比べてしまったよ」先ほど注文をとった若いウエイトレスが運んできたカツカレーにソースをかけながら、山田が言った。

「えっ？」啓介は、そのままカツカレーを食べ始める。

「うちのやつも佐藤さんみたいだったらなあ、なんてさ」スプーンの端を使ってカツに切れ目を入れ、食べやすくしながら山田が答える。

「ははは」カレーを口に入れていた啓介は、口の中のご飯粒が飛び出さないように、手で口を押さえながら笑った。

「大西のところなんか、まだ奥さん若いから、違うだろうけど。うちなんか、恐怖の三段腹だからねえ。最近は、さわるのをためらうぐらいなんだぜ。それに比べてあの佐藤さん。スラリとしてさ。綺麗だったよな」山田はその三段腹を想像したらしく、一瞬嫌な顔をしたあと、それを振り切るように真剣な顔にもどして言った。

「三段腹だなんて。そんなにひどくもないんだろう。隣の芝生は良く見えるって言うからな」啓介は彼の奥さんを庇う。

「比べようにも、こっちには比べる芝生自体がないって感じだよ。結婚前の写真を見ると、どこにあの面影があるんだろうかって思うほど、今は太ってさあ。子供を三人生んだせいだなんて、あいつは言うんだけどね。子供がいたって、しっかり出産前の体型に戻ってる人はたくさんいるっていうのにさ。まったく」山田の愚痴がこぼれる。

「確かに、佐藤さんに比べるとうちのやつも見劣りするかもなあ。三段腹にはなってないけど、結構時間の問題かもしれない……。こんなこと言ったなんて知ったら怒られるから、うちのやつには言わないでくださいよ」両目を上に向けて美智子の姿を想像していた啓介は、ふと彼女に失礼なことを言ったような気がして山田に頼みこむ。「大丈夫。告げ口なんかしたりしないよ」山田はニッコリ笑う。山田はカツをきれいに平らげ、白い皿に残ったカレーをスプーンでかき集めた、最後の一匙を口に運んだ。「僕らの女房と佐藤さんの違いですけど、佐藤さんって、所帯じみてる感じがしないからいいのかもしれないですね」啓介が言った。彼は脂っこいカツを半分残してランチを終えた。

昼食を終え、再び乗り込んだエレベーターの中で、啓介は佐藤と妻の美智子との違いを考えていた。

もし美智子が結婚をしても仕事を辞めずに働いていたら、あの佐藤のようにバリバリと働いているのだろうか。そして、佐藤のように魅力的に振舞って、周りの男性から注目を集めているのだろうか。

啓介はそんな美智子のイメージを描こうと気持ちを集中してみたが、何故か、新聞広告の中からセールの商品を探し出して切り抜いている光景や、背中を掻きながら風呂場から出てくる光景、色の褪せたジャージをはいて家の中を歩き回っている光景しか浮かんでこなかった。

部屋を飾ろう

部屋が整頓されていないと、心が乱れる。心が乱れていては、健全で幸せな生活が営めない。部屋が整理整頓され、しかも、その上にステキに飾られていると、気持ちがいい。

恋愛中、初めて彼が、あるいは彼女が部屋に来るかもしれないと予期したとき、どんな風にアレンジしたか思い出してみよう。玄関からトイレ、キッチン、居間や寝室、とにかく隅から隅まで掃除をして、ソファーや置物の配置をかえて、花を飾って。香りのアクセントにポプリを置いたりもして。そう予期したときの、ときめきをおぼえていますか。そのときめきに応えるために、相手を幻滅させないために、相手に自分をもっと気に入ってもらうために部屋を飾った、あのときをおぼえていますか。結婚してからだって、同じ気持ちをもって、ロマンティックな雰囲気の部屋をつくろう。夫や妻の気持ちを高めて、自分につなぎとめておくことができるから。

人間は雰囲気に左右されて生活をしている。ちょっとした居心地のよさで、またこのカフェに来てみようかと思うし、店員のちょっとした笑顔や言いまわしに好感をもち、その花屋やケーキ屋に再び足を運んだりする。たまたま電話に出た職員の言葉遣いや手際の悪さから、しばらくはその会社に電話をしないでおこうかと思ったりするし、ガムを噛みながらだらしなく座る受付嬢をみて、何となくそのレベルの会社だと解釈してしまったりもする。そんな風に雰囲気に左右されて、毎日私たちは、気持ちをアップ、ダウンさせて暮している。だから、毎日過ごす家や部屋を心地よく整え、飾って、気持ちよく暮せる場所にしよう。二人が仲良くやっていく土台を築くことになるから。

学生時代、アパートで一人暮しをする男性が部屋を散らかし放題にする。脱いだ服はたまたま脱いだ場所の畳の上に、広げた雑誌は広げたまま、だから、部屋は足の踏み場がない。流し台には、どれだけ前に使ったかよくわからないようなどんぶりや皿、グラスが積み上げられている。布団は万年床。よく聞く話だし、よく遭遇する光景でもある。こんな男子学生が、じゃあ、そんな汚い部屋を好きかというとそうでもない。整理整頓し掃除をするのが面倒くさいからそうしているのであって、好んでそうしているのではない。そのうちに、そんな環境に慣れてしまったというだけのこと。そんな男性だって恋愛をし、彼女ができると、部屋を綺麗にしようと心がけるし、また、たまたまその彼女が掃除などをしてくれようものなら、嬉しくなってしまう。綺麗に整頓された部屋にいるのは、誰だって気持ちがいいのだ。

基本的に散らかしっぱなしの汚い部屋を好む人はいない。その方が落ち着くなんて言う人がいるけれど、それは掃除を怠る逃げ口上に過ぎない。今までに訪ねた家で、随分と部屋が汚れていたところがあったら、思い出してみよう。一体どんな人がそこに住んでいましたか？ その人は単にずぼらな人だった？ たまたま小さな子供がいて部屋を散らかしていた？ 仕事が忙しすぎて、掃除している暇があったら眠りたいとか、誰も愛する人がいなくて、一体何のために誰のために掃除して部屋を飾る必要があるのかって思っていたり。理由はいろいろあるにせよ、それって、結局、それぞれの理由でその人がハッピーじゃないからじゃない？

恋愛中でも、結婚をしてからでも、部屋はいつも綺麗に整頓して飾るようにしよう。花を飾って。食卓にすてきな食器やグラスを並べて。

山田と妻の場合

「ただいま」玄関のドアを閉めて、靴を脱いでスリッパを履く。疲れたような山田の声が廊下の向こうまで低く響く。

「お帰りなさい」廊下の奥から返事が返ってくる。

「何か食べたの？ 私たちはもう夕ご飯済ませたけど」再び、廊下の奥から同じ声が届く。

「ああ、済ませたよ」廊下を奥へと歩きながら、山田が妻に答える。

山田がダイニングルームに入ると、妻は居間のソファーに腰掛けてテレビを見ていた。テレビでは、サスペンスものの番組が流れている。

「もう子供たちは寝たのか」背中から妻に声をかける。

「ええ、もう寝ました。涼と実は一時間ほど前に。嘉代子はもっと前だったかしら」妻はテレビに目をすえたまま答える。サスペンスものが重要なシーンを迎えているらしい。

山田は鞄をテーブルの下に置いて、キッチンに入る。流し台には、汚れたグラスが三つと小皿が何枚かのっていた。冷蔵庫を開けると、夕食の残り物か、ラップをかけた鯖の煮付けが小皿にのって棚の真中にあった。

山田はビールの大瓶を一本、棚から取りだして、流し台で栓を抜いた。

「おまえも飲むか?」妻の方を振り返って尋ねる。

「いいえ」妻は振り向かない。

「そうか」山田は独り言のように言って、ビール瓶と食器棚から取りだしたグラスを一つもってダイニングルームに戻って、妻のいる居間を背中にして座った。

山田は最初の一杯を一気に飲み干し、二杯目を注いでから一息ついた。背中では、妻の見ているテレビから、やたらに早口の男女の会話が流れていた。番組のストーリーを追うために重要な場面なのだろう。

山田がビールを飲んでいるダイニングテーブルの真中あたりには、直径二十センチほどの大きな丸いシミがある。三年前の冬、妻が重いといって数秒下ろした熱い鍋の跡が、白くなって残っている。毎日のように見てきたシミだけれど、今日はそれが何故か大きく、より鮮明に浮き上がって見えた。

山田はビールを飲みながら、そんなシミからテーブルの向こうにある食器やグラスの入ったサイドボードに目を移す。正面にはめられたガラスに、指の跡があちこちについているのが見える。体を動かして角度をかえると、さらに違った場所にまたたくさんの指の跡がついている。妻の指跡だけではなく、子供たちのものもありそうだ。自分のものもあるかもしれない。今まで気づかなかった指の跡。このサイドボードを買ったのはいつだったかと、ふと考えてみる。五年前、いやもっと前だったかもしれない。確か、一番下の嘉代子がまだ生まれる前だった。首を何度かかしげながら、山田は二杯目のビールを空ける。そして、三杯目のビールをグラスに注ぐ。

この指の跡の数からいくと、ガラスはしばらく拭かれていない。ここ一ヶ月？　いや、そんな短期間に、こんな数の指の跡は残らないだろう。まさか、このサイドボードを買って以来、掃除をしていないなんて……そんな。そんなに長い間、掃除してないとは思えない。毎年、年末に妻は大掃除をしているではないか。そのとき、このガラスは拭かないのか？　山田は首を左右に大きく振った。

今日会社であったキャンペーン企画会議に、協賛会社からやってきた佐藤という女性を思い浮かべてみた。きっと、彼女のうちにもサイドボードがあるだろう。でも、正面にはめられたガラスには、指の跡なんてないのだろう。山田はそう思った。

山田はグラスに入った残りのビールを一気に飲み干し、空になったグラスと瓶をキッチンに運んだ。瓶を逆さにして残ったビールをシンクに流し、水道をひねってビールの匂いが消えるまでしばらく水を流し続けた。そして、流し台の上にある汚れた食器の横に、空になったビール瓶とグラスを並べて置いた。

「俺、もう寝るよ」山田は妻に声をかけて、鞄を持って廊下に出ていく。

「そう。私はこれを観てから寝ますから」

妻は相変わらずテレビに熱中している。もうすぐクライマックスなのだろう。

Ｃｏｏｋｂｏｏｋを活用しよう

美味しい料理を作ろう。美味しいものを食べると、気持ちが豊かになる。美味しい食べ物を口に入れれば、自然に顔がほころぶし、そんな食事をしていれば会話だって弾む。だから、二人の食卓に、美味しいものを並べよう。

料理が得意じゃなくたって、世の中にはたくさん、Ｃｏｏｋｂｏｏｋ（料理の本）がある。イタリアン、フレンチ、スパニッシュ、タイ、ベトナム、日本料理と好きな分野を選んで、読みやすくて使いやすい本を手に入れよう。Ｃｏｏｋｂｏｏｋを使えば、味付けだって無難にできるし、料理の仕方を教えてくれるから失敗することもない。Ｃｏｏｋｂｏｏｋにもいろいろあるし、一冊の中に様々な料理が載っている。夫や妻の評価をもとに気に入ったものだけを選び出して、それを次からまた使えばいい。自分の頭に入ったレシピばかりに頼らず、Ｃｏｏｋｂｏｏｋを利用して新しい分野や新しい一品にチャレンジしよう。料理の幅を広げ、二人の食卓に新しい色をつけるグッドなチャンス！

Ｃｏｏｋｂｏｏｋを使って料理していると〝食〟に対する関心が自然に増していくから

外食をしたときにだって、出された料理を興味をもって吟味できるし、ひいては二人の〝舌〟を敏感にして、食のレベルを上げることにもなる。二人でCookbookを使えば、それまで料理をしなかった夫が料理を作るということに興味をもつようになったりもして。二人で料理を作ることは楽しいイベントにもなる。Cookbookを使って二人で料理を作って、二人の舌を満足させる料理にチャレンジしよう。

二人で美味しい料理を食べるって本当に楽しい。

彩と俊彦の場合11

「はい」冷えた白ワインの入ったグラスを、俊彦はキッチンに立つ彩に差し出す。

「アッ、ありがとう」彩は休めた手でワイングラスを受け取り、俊彦のグラスに傾けて乾杯のポーズをとる。

今日は土曜日。二人そろってゆっくりできるので、彩の提案でイタリア料理に挑戦することになった。Cookbookから選んだレシピに基づいて、近くのスーパーで買い物をした。そのスーパーで見つからなかった一部の材料とワインは、少し遠出をして、イタリアもののワインと食材を専門に置くという店で買ってきた。彩が料理を作り始めると、俊彦はまずハーフボトルのキャンティの白ワインを開けた。キャンティと言えば赤ワインだが、この白ワインはなかなかだと、専門店で薦められたのだ。

「うん、美味しいわね、このワイン」彩が俊彦に言う。

「うん、なかなかいいね」春ももうすぐ終わろうとする暖かな日、冷えたワインは喉に心地よく流れていく。

今日のメニューは、小さなポーションでトマトとバジルのパスタをスターターに、メインはチキンと玉葱の煮物。そしてデザートはティラミス。

ダイニングテーブルに、Ｃｏｏｋｂｏｏｋを広げる。

彩と俊彦はワインを飲みながら、まずティラミスを作る。俊彦はマシーンを使ってエスプレッソをいれる。その間に彩はマスカポーネチーズと砂糖、卵、ブランディーを混ぜ合わせる。キッチンからダイニングルーム、居間、家中にエスプレッソの強い香りが立ち込める中、彩と俊彦は浅い入れ物に、まず最初にエスプレッソにたっぷり浸したレディスフィンガーを敷き詰めていく。そして、次のレイヤーとして、マスカポーネチーズのフィリングを敷く。そして再び、エスプレッソに浸したレディスフィンガーを敷き詰める。またその上にマスカポーネチーズのフィリングを敷く。合計、三つの層を敷いてティラミスを完成させる。

「ティラミス作るのって、案外簡単なんだな」俊彦は彩がティラミスを冷蔵庫に入れるのを見届けて言った。

「そうよね。いつもレストランで食べてるときには、こんなに簡単にできるなんて思ったことなかったけど」彩も俊彦に同意する。

「こんなに簡単だったら、材料さえ買ってくればいつでも作れるよな」俊彦は何度も頷きながら、ワインを口元に運ぶ。

「まあ、でもカロリーが高そうだから、そんなにしょっちゅうっていうのも困るけど。時々作りましょうよ」彩は汚れたボールを洗いながら、俊彦に笑いかける。

そして、煮詰めるのに時間がかかるチキンと玉葱の煮物を作りはじめる。玉葱を繊維に沿って薄くくし切りにし、パセリをみじん切りにする。フライパンにオリーブオイルをしき、塩と胡椒で味付けをしながら、黄金色になるまで玉葱を炒め、皿にとっておく。同じフライパンにサラダオイルをしいて、小麦粉をまぶしたチキンの胸肉を何度かひっくり返しながら塩と胡椒で味付けをして、色がつくまで焼く。そこに炒めた玉葱を入れて、さらにコニャックをふりかけて香りをつける。チキンを時々裏返しながら、弱火で煮詰める。夕食の準備ができあがるまで、しばらく煮込むことになる。

「もう少し飲むか?」俊彦はワインが半分以下になった彩のグラスを見て、キャンティのボトルを持ち上げる。

「うん、そうねえ。もうちょっとだけ」彩はグラスを俊彦に差し出す。

俊彦は残ったワインを彩と自分のグラスに注いで、ボトルを空けた。

「さあ、スターターを作りましょうよ。パスタを茹でたいから、お湯を沸かしてくれる？」一服したあと、彩は流し台の下から大きな鍋を取り出して俊彦に渡す。

「ＯＫ。あと、どのぐらいかかりそうかな」

「そうねえ、あなたがパスタを茹でてくれてる間に、私は他の材料を準備できるから……、そう、たぶんあと三十分以内にはできると思うわ」彩はＣｏｏｋｂｏｏｋに目を通しながら答える。

「じゃあ、鍋に火をかけてから赤ワインを開けるよ。そうすれば食べるまでにワインがブリーズして美味しくなる」

俊彦は、ちょっと奮発して買ってきた一九九六年もののモンテプルチアーノのボトルを開けて、ダイニングテーブルの上に置いた。夕食までにワインは十分ブリーズするだろう。

彩はオーブンで焼いて香ばしい香りを放つガーリックを、フォークでつぶす。また、熟したトマトもオーブンで軽く焼き、皮を剥いて小さなぶつ切りにしておく。バジルの葉四、五枚は手でちぎっておく。

お湯が沸く間に、彩と俊彦は皿とワイングラスを並べ、テーブルをセットする。スーパーで買い物をしたときに買ってきた淡いピンクのチューリップを一輪挿しに活けて、テーブルの中央に置く。

「ジャズでいいかなあ」俊彦は白ワインを片手に、ステレオの前でＣＤをあれこれと選ぶ。

「うん、そうねえ。アッそうだ。ジャズもいいけど、せっかくイタリア料理を作ってるんだから、オペラはどう?」彩が提案をする。

「そうだなあ。オペラがいいかも……。じゃあ、このアンドレア・ボチェッリでいいかな。これだったらあまりヘビーでもないし」CDのラックをあれこれと探していた俊彦は、ボチェッリのCDを見つけてラックから取り出す。

「そうねえ。それがいいわ。久しぶりに彼の声を聞きたいわね」

CDがかかると、遠く滑らかに静かなボチェッリの声が居間からダイニングルームへと流れた。

お湯が沸くと、俊彦はスパゲッティパスタを鍋に入れ、時計をみて七分を目処にした。数分後、彩はフライパンを火にかけてオリーブオイルをしき、つぶしたガーリックとぶつ切りのトマトを軽く炒めた。トマトに火が完全に通るころ、俊彦がアルデンテに茹で上げたパスタのお湯をきり、そのパスタをトマトの入ったフライパンに移す。彩は手早くトマトとパスタを混ぜ、仕上げにバジルを混ぜ込む。

俊彦は彩がパスタを仕上げる間に、粉チーズを用意する。そしてテーブルの新しいグラスに赤ワインを注ぐ。

「うん。美味しいわね」二人で乾杯をしたあと、彩はモンテプルチアーノを一口飲んで言った。

「だろう。本に書いてあったんだ。あのワインショップのオーナーも同じこと言ってたけど、やっぱりこのワイン美味しいよ。滑らかで癖がないし、味もそこそこ深い。パスタにもぴったりだ。値段はちょっと高かったけど、たまにはいいだろう」

俊彦はワイングラスを目の高さに上げて、ゆっくりとゆらしながら色をながめ、香りを嗅いで確かめる。

「うん。ねえ、このパスタもいけるわよ。食べてみて」彩はフォークでパスタをからめて口に入れる。

「うん。香ばしいガーリックとバジルがよく合ってるな」俊彦もパスタを食べてみる。

パスタを楽しんだ二人は、そのあと、しばらく煮詰めていたメインのチキンと玉葱の煮物を前に、さらにワインをすすめた。

モンテプルチアーノのボトルが空になるころ、二人はメインコースを終えた。

冷蔵庫で冷やしていたティラミスを二切れ別々の皿に取り出してフォークを添え、二人の前に置く。

パスタのスターター、メインのチキン、そしてデザート。二人のお腹は十分に満たされていた。うしろでは繰り返し流れるようにセットされたアンドレア・ボチェッリのボイスが相変わらず滑らかに流れている。

「う～ん。食べ過ぎちゃったわ。それに飲み過ぎちゃった」酔いのためか、彩はわずかに舌たらずで甘えたような声をもらす。彩には稀なことだが、頬も心なしかピンク色になっている。

「そうだな。よく食べたし、まったく、よく飲んだな」わずかにグラスに残るワインと、空になった皿を交互にながめながら俊彦が言う。

「これで寝たら、豚っていうより牛になっちゃうわね」彩はお腹をゆっくりとさする。

「まだ、夜は長いんだから、しばらくゆっくりしよう。そのうちに、少しは消化されるだろうからね」俊彦は、少々きつくなったズボンのウエストを気にしながら言う。

「そうね。じゃあ、運動に私は汚れた皿でも洗いましょうか」と言って、彩は立ち上がるとテーブルの皿をまとめて重ねる。

「僕も手伝うよ。僕も運動しなくちゃ」俊彦も彩を手伝って、ワイングラスや重ね上げた皿を流し台に運ぶ。

「コーヒーでも入れようか。消化にいいし」汚れた食器を運び終わった俊彦が彩に尋ねる。

「そうね。お願いするわ」

彩が洗い物をしている間に、俊彦はコーヒーマシーンに挽いた豆と水を入れ、スイッチを入れる。

「ねえ、このCD、かえてもいいかなあ」居間にもどってCDラックの前に座った俊彦はまだ洗い物をしている彩に尋ねる。

「ええ。もちろん」

「久しぶりにルイ・アームストロングが聞いてみたいんだけど、いいかなあ」俊彦は、CDを取り出して、キッチンに立つ彩の方を向いて尋ねる。

「ええ。いいわよ」彩も俊彦の方を振り返って答える。

“What A Wonderful World”が流れ出すと、俊彦は繰り返しになっているタイトルの部分を一緒に口ずさむ。そして、

「やっぱり、いいなあ」と、独り言のように漏らす。

コーヒーの香りで部屋がいっぱいになるころ、俊彦は二つのコーヒーカップをソーサーにのせ居間に運ぶ。そして、彩が洗い物を終えるのを待ってコーヒーを入れる。

「今日の料理、美味しかったわね」彩は俊彦と並んで座る。

「うん。とっても」

「今度は、どんな料理を作ってみたい?」

「そうだなあ。この前はインド料理で、今回はイタリア料理だろう。何か違う料理が面白いよなあ。フランス料理なんてどうかな。それとも、全然方向を変えて、モロッ

コ料理なんてのもいいかもしれない」思いをめぐらしながら俊彦は、横の彩に語りかける。

「う～ん、モロッコ料理ねえ。クスクス以外にどんな料理があるのかちょっと思いつかないけど、それって面白そうかも」彩は興味を示す。

「僕もはっきり言って、クスクス以外は、ミントの葉を入れたあの甘いティーぐらいしか思い浮かばないんだけど。また、明日でも、インターネットで調べてみよう。何か美味しそうなレシピが見つかるかもしれない」

部屋の中にはジャズが静かに流れている。ルイ・アームストロングのトランペットに、コーヒーの香りがよく似合っていた。明日は日曜日。まだまだ長い夜が続く。

共通の趣味をもって

夫婦なのだから、共通の趣味をもって！　二人が同じことに興味をもっていると、同じ時間を使って一緒に没頭できるから、共通の経験を通して、お互いをより身近に感じることができる。アドバイスをし合いながら切磋琢磨するという点でも、メリットがあるのかもしれない。

どうしても共通の趣味がもてないなら、それぞれに何か趣味をもとう。何かに興味を示したり、それを趣味にするって、人間の幅を広げることになるし、時には生きがいになったりもする。だから、毎日の生活の中で一人ひとりが趣味をもつことが肝心。夫婦の趣味がたまたま同じものでなかったら？　お互いの趣味に費やす時間と姿勢を尊重するのをお忘れなく。どちらか一人だけが何かの趣味に没頭し、他方がそれに理解を示さなかったり無視していたのでは、夫と妻が物理的にも精神的にも別々に時間を過ごすことになる。仕事や子育てで忙しい毎日、二人でいられる限られた時間を、そんな風に使ってしまうなんてもったいない。二人が別々の趣味をもっていたって、相手の趣味や興味を尊重する態度さえあれば、その時間を共有することができる。それにそんなところから、相手があなたの趣味に興味をもつことだってある。物事はポジティブに運ぶもの。

望むと望まないとにかかわらず、自分の自由時間も犠牲にして、人生の大半を仕事に捧げてきた男性が退職する。退職後に没頭できる関心事や趣味がなかったりすると、仕事が無くなった途端に何をしていいのかわからなくなり、家の中でゴロゴロするだけになってしまう。彼らはひところ粗大ゴミとか濡れ落ち葉と呼ばれたりした。極端な例では、そんな人たちが痴呆に陥ったりする。そんな風にあなたの夫や妻、そしてあなた自身がならないために趣味をもとう。

趣味。それは、つりだったり、テニスだったり、ジョギングだったり、登山だったり、読書だったり、音楽鑑賞だったり、活動的な趣味もあれば、非活動的な趣味もある。知的な情報を頭の中に集めていく趣味もあれば、体で技をおぼえて習得していく趣味もある。自分が興味をもつ、一つあるいは複数の事柄を愛好して、それを実施していくのが趣味だ。あなたの夫や妻は、何かの趣味をもって、それを楽しんでいますか。

趣味をもつことは、あることについてよりうまくなろうとか、より深く知ろうといった前進的な行動。多忙な生活の中で、精神的な支えともなってくれる。支えのあるもの同士が一緒にいれば、お互いが光り、何に対してもポジティブになれる。そんな二人はそれぞれにハッピーだろうし、そんなハッピーなもの同士が一緒にいれば、さらにハッピーになる。夫婦で趣味をもって、二人でイエイ！　といこう。

彩と俊彦の場合12

「アッ。すみません」あわてて彩が謝る。彩の打ったゴルフボールが彼女の前にあるフェンスを一撃して、カツーンという大きな音をたてた。

「……アァ。いいえ。大丈夫ですよ」大きな音と彩の声をほとんど同時に聞き、後ろを振り返った啓介が答えた。一瞬、何が起こったのかわからなかったために、返事をするまでに、わずかに時間の空白ができていた。

「どうも、すいませんねぇ。気をつけないと、前の人にボールが当たるぞ。クラブは両手をしっかり締めて握ろって言っただろ」彩の横で彼女のスイングを見ていた俊彦は、振り返った男性にすばやく謝る。それから、彩に近寄って彼女のクラブの握りをチェックする。

「大丈夫ですよ。そのために境のフェンスがあるんですから。自分の前後の人にボールをぶつけようと思っても、そう簡単にはできないと思いますよ。大丈夫です。そんなに心配しなくても」啓介は彩にそう優しく言い、軽く微笑んでみせる。

「ご一緒にゴルフの打ちっぱなしですか。いいですねえ」啓介は俊彦と彩を交互に見ながら、さらに言った。

「ええ、まあ。こいつは最近始めたんですけど。僕は川上俊彦と言います。これはうちの彩です」俊彦は啓介に自分と彩を紹介した。彩が軽く会釈する。

「僕は大西啓介と言います。よろしく。ところで、羨ましいですねえ。僕もうちのやつを誘ってるんですけど、ゴルフなんて費用がかさむだけのスポーツだとか言って、絶対一緒に来ないんですよ」啓介も軽く頭を下げてお辞儀をし、さらに続けた。

「だから、僕がゴルフの打ちっぱなしに行ってくるなんて言うと、お金の無駄遣いだってうるさいんですよ。今日もそうでしたからね」啓介は手にしたファイブ・アイアンをぶらぶらさせながら、わずかに笑って残念そうにもらす。

「贅沢なスポーツっていう感覚は誰でも持ってると思いますよ。私も、最初、そう思っていましたから。今でもそう思いますけどね。だから、大西さんの奥さんがおっしゃること、よくわかります」彩は啓介の妻を庇うように明るく言う。

「まあ、そうですが」啓介も妻の美智子が言っていることはわかっている。

「まあ、確かにゴルフはお金のかかるスポーツですよ。コースに出れば特にですけどね。でも、打ちっぱなしはそこまでじゃあないですよねえ。それに、五十個のボールを打って、それで気分爽快になるんだったら、安いもんじゃないですか。ねえ」俊彦は啓介と彩に同意を求める。

「そうですよねえ」啓介も大きく頷く。

「実は、うちの彩も、最初、僕がゴルフを始めたとき、全然興味を示さなかったんですよ。一、二年の間かな。僕としては結構はまってて、時間が許す限りいつでもどこでもできるだけプレーをしたかったんです。そんなあるとき、どこか国内を旅行したり外国に行ったときに一緒にプレーできたら楽しいだろうねって、ふともらしたんですよ。せっかく旅行に行ってバラバラに行動するなんて楽しくないですからねえ。そしたらあっさり、そうかもねえなんて言って、のってきたんですよ。僕としては、彼女の気持ちが変わらないうちにって思って、早々、彼女にゴルフのクラブセットを買ってきたんです。そんなに高いセットじゃあないんですけどね。とにかく、そうしたら、さすがにこいつ、始めてみようかと腰を上げたんです」俊彦は時々彩に視線をおくる。「まあ、コースに出て一緒にプレーできるまでには、まだまだ時間がかかりそうですが」先は長いと言わんばかりに、俊彦は大きく吸った息をはき出し、肩をわずかに落として見せる。

「すみませんねえ。下手くそで。あなたの教え方が悪いんじゃないのかしら」彩は首をわずかにひねって、横に立っている俊彦を斜め下から見上げる。

「誘い続けていくうちに、うちのやつも考えを変えてくれるかなあ」仲のいい俊彦と彩から視線をはずし、啓介は目の前に広がる芝生がいっぱいに張られたフィールドの遠くを眺める。

「あんまりこの人が凝ってるんで、私、止められなかっただけなんです。そのうちに、そんなに彼が一生懸命やってることなら、私もできるようになって一緒にプレーしたいって思い始めたんです。そんなときに、彼がゴルフのクラブセットをプレゼントしてくれて。ああ、もう後には引けない。やるしかないなんて思っちゃったんですけどね」彩はうつむいてフフフと小さく笑ったあと、顔を上げて啓介に視線を向けた。

「大西さんの奥さんもそのうち、ゴルフに興味をもってくれるかもしれませんよ」彩は啓介を励ます。

「そう願いますけどね」啓介は、片手で頭をかいた。

「大西さん。ゴルフのほかに奥さんと一緒になさることってあるんですか?」彩はスラッとした好青年に見える啓介とその奥さんが、並んで仲良く何かをしている姿を想像する。

「別に……。うちのは趣味っていうほどのことは何ももっていませんね。子供がいて忙しいこともあるんですけど」

「あら、そうですか……。でも何もないってことはないんじゃないですか。子供さんがいらしてもできることはたくさんあるでしょうし。それとも私たちには子供がいないから、そんなことを簡単に言ってしまうんでしょうか」彩は隣を見て、俊彦の意見を待つ。

「僕が仕事で忙しくて家にいない分、うちのは専業をしていますが、子供の世話に追われてしまっているようです。だから、趣味なんてとても……。でも本当はあいつもやりたいことはあるんでしょうが……。たまに家にいる時間ができても、子供の面倒も見ないで、僕だけ勝手にゴルフの打ちっぱなしに出かけてくるって言うんじゃあ、あいつもいい顔をしないのは当然かもしれませんね」俊彦の代わりに、啓介が口を開いた。

美智子は自分がゴルフの打ちっぱなしに出かけることに反対しているのではなくて、実は家庭での自分の態度に不満を持っているから、自分がすることに何でも自動的に反対してしまっているのかもしれない、と啓介はふと心の中で思った。

「ごめんなさい。初対面の方にこんな勝手なことを言ったりして」彩がペコリと頭を下げる。

「すみません。こいつ、いつも一言多いんです」どうしようもないやつだなあとばかりに、俊彦は彩の脇を肘で小突いて、自分も軽く頭を下げる。

「いいえ。気にしないでください。彩さんがおっしゃることは、当たっています。うちのだって、何か自分のことをする時間をつくるべきなんです。そんな時間がもてるように僕も協力しなくちゃいけないんですよ」啓介は二人に笑いかけた。

「じゃあ、もう少し打って帰るかな。それじゃあ。彩さん、早く川上さんと一緒にプレーができるように、がんばってくださいね」啓介はそう言って会釈をし、前に向き直って、マットの上で持っていたアイアンを正しく握り直す。

啓介はボールを打ちながら考えていた。美智子は趣味ややりたいことがないのではなくて、任せっきりにしている子育てと家事に追われて、趣味に費やす時間がないのではないかと。美智子は実は何かやりたいことがあるのに、自分が彼女のそんな時間を奪ってしまっているのではないかと。そんな自分がすることだから、何にだって彼女は反対する。私は忙しくて何もできないのに、あなたはそんなことをよくもやっていられるものねと。

ゴルフの打ちっぱなし場からの帰り道、啓介は美智子にゴルフのクラブセットでも買おうかと、ふと考えていた。

エクササイズを忘れずに

ジョギングをしたり水泳をしたり、ハイキングに行ったり、ジムに通ったり、エアロビクスダンス教室に通う。二人でいつまでもシェイプアップに心がけよう。ハッピーな生活の中で美味しい食べ物を繰り返しとっていけば、消化だっていいはずだから、そのままでいると体重が増えてしまう。若いうちはエネルギーの消費速度が速いからそんなに気にならなかったカロリーが、年をとるにつれて気になりだす。だからといって体重が増えるのを気にばかりして、無闇にダイエットなんかしてほしくない。無謀なダイエットは健康を害する原因をつくるだろうし、空腹との戦いだったり、食べたいものが食べられないから、満足感が得られなくてハッピーでいられなくなる。それよりも、エネルギー代謝の激しい若いころから、エクササイズする習慣をつけよう。年をとって体重が増え始めてから始めるよりも効果的だし、第一、体のためにいい。エクササイズって心の健康にも貢献してくれる。バランスよくしっかり食べて、しっかり運動をする。二人でハッピーに暮す大切な条件だ。

エクササイズって、いろいろな効果をもっている。ただ単に体重をコントロールするだけではない。まず体型を保つことができるから、洋服を不必要に買い換えなくてもすむ。ウエストがフィットしなくなって、タンスにしまい込んだズボンやスカートなんてありませんか？　上腕の肉、ふくらはぎの肉、たるんでいませんか？　老化は自然現象だから、男性でも女性でも避けることはできない。でも、ある人はそんなにたるんでいない上腕の肉が、ある人はとてもたるんでる。どうしてでしょう？　ある人はヒールの高い靴を履くとき、ふくらはぎが引き締まって綺麗に見えるのに、ある人はそう見えない。どうしてでしょう？

適度な運動とバランスよくとる食事は、便通だって快適にしてくれる。便通がよくなれば、肌のつやだってよくなるし、吹き出物だって減ってくるに違いない。

それに運動をしたあとの爽快感や充実感。健康を実感すると、やる気が起きてくる。そしてもっとエクササイズをしたくなる。とってもいい循環だ。

余分な衣類を買う必要もなく、見た目もいつまでも若々しく健康でいられる。これってステキじゃない？

三日坊主でやめるならエクササイズも簡単だけど、続けるにはとてつもない努力が必要で、最初はちょっと大変。でもお風呂に毎日入るといった感じで、それを日課にさえしてしまえば、後はそれを繰り返すのみ。エクササイズは定期的に繰り返さなければ何の効果も生まない。だからがんばって!

忙しい毎日の中で定期的にエクササイズをするなんて、とても考えられない? そういう人は、自分の毎日の生活をまず振り返ってみよう。毎日繰り返ししていることはないですか? 例えば、子供を幼稚園まで毎日送っているとか。毎日通勤で最寄りの駅まで歩くとか。

子供を送って行った後を、帰りは踵を上げ気味にして早足で歩いてみるとか、ジョギングをして家まで戻るとか。通勤で通う道をできるだけ早足で歩くとか。歩くときや信号待ちの際に息を大きく吸って吐いてを繰り返し、腹筋をできるだけ大きく動かすとか。職場や家で椅子に座っているときに、足を浮かせて腹筋の力をつけるとか、テレビを観ながら床で腹筋運動をするとか。毎日の生活の中で、ちょっとした工夫をすれば余分なお金や時間をかけなくてもできるエクササイズは、たくさんある。もちろん、お金と時間をかけて、何かの教室に通ったりすることだってできる。二人の性格や興味、生活リズムによって、どんなエクササイズが効果的か考えてみよう。

どんな方法にしても、繰り返しとその頻度が重要なポイントになる。二人に適したエクササイズを選んで実行してみよう。

彩と俊彦の場合13

「あら、大西さん」膝丈のふわりとしたフレアスカートに、ヒールの高い白のダンスシューズを履いた彩は、隣に立つ俊彦に声をかける。ダンス用に俊彦も長袖のシャツとチノパンツに着替えている。

二人は社交ダンス教室に来ていた。社交ダンスを始めたのは二人が結婚をする前のことで、すでに二年以上も続けてきたことになる。火曜日と木曜日、週二回の教室。仕事が忙しいと行けないが、二人ともできるだけ参加するように心がけている。俊彦はもともと彩の誘いでダンスを始めた口だが、今では俊彦の方がのめりこんでいるぐらいだった。

最近、ゴルフの打ちっぱなし場で会った大西という男性が、女性と一緒に教室の入口に入って来たところだった。

「やっぱり、大西さんね。この前、大西さんと偶然東京国際フォーラムの展示会場で会ったって話、したわよねえ」彩は男性の顔をもう一度確かめてから、俊彦に続ける。

「ああ、確か、マーケティング資材の展示会があって、その会場で偶然彼に会ったんだよな」肩を上下させたり胸を反ったりと、俊彦はダンスの準備運動をしながら答える。

「そうなのよ。うちの会社と大西さんの会社とは畑が全然違うんだけど。彼、広報企画課で働いてる関係で同じ展示会に来てたってわけ。二人ともびっくりしちゃったんだけど、せっかくだから一緒にランチでもしましょうかってことになって。そこでゴルフとかいろいろな話をして。私たちがここの社交ダンス教室に通ってるなんて話もしたんだけど。まさか、ここで大西さんに会うなんて思わなかったわ。一緒にいる人が奥さんなのかしら」彩は両足をそろえてつま先立ちをして、足首を上下にストレッチして筋肉をほぐしていく。

「大西さん!」二人が着替えてホールに出てくるのを待って、彩が駆け寄る。俊彦は彼女のあとを追う。

「やあ、川上さん」大西啓介は、近づいてくる彩と俊彦に気づいて笑みを投げる。

「あっ、こいつ、うちの美智子です」啓介が続ける。隣で軽くお辞儀をする美智子は、やや背が高めの女性で、スラッとした啓介の隣に立つとなかなか見栄えがする。

「こんにちは。奥さんには初めてお会いしますね。私は川上彩といいます。そしてこっちはうちの旦那で俊彦といいます。大西さんからお聞きになったかもしれませんが、ゴルフの打ちっぱなし場で隣同士になったのがきっかけで、お話をすることになって。しかも、そのあと偶然、もう一度展示場でお会いしたりして。世の中って狭いもんですね」美智子に軽くお辞儀をしてから、彩は経緯を説明する。

「そうらしいですね。お話、伺ってます」美智子は上品に答える。

「いやあ、この前、川上さんに展示会場で会ってから、うちのやつに社交ダンスのことを話したら、自分もやりたいって言いだしたんですよ。結婚する前にはやろうかって思ってた時期もあったとかで」啓介は横を向いて美智子の顔を見ながら笑って話す。

「そうなんですよ。でも、結局、この人と会ってからその機会を逃してしまってたんです」美智子は横目でちらりと啓介を見る。啓介は申し訳なさそうに、片手を頭の後ろにやる。

「そうですか。じゃあ、大西さんが偶然私たちに会ったっていうのも、何かの縁だったわけですね」彩は人の役に立ったとばかりに嬉しそうに話す。

「そうですね。感謝してます」美智子は言葉を噛みしめる。

「まったく。それで、僕たち先週からこの教室に通い始めたんです。先週は二日とも、いらしてなかったですね。お会いしたら挨拶をしようと思ってたんですが」啓介が美智子のあとを追って続けた。

「ああ、そうか。先週は残念ながら僕たち二人とも仕事の都合がつかなかったから」

俊彦は先週の予定を頭に思い浮かべる。

「僕たちもどれだけ通えるかわかりませんが、まあがんばってみるつもりです」肩を軽くすくめて啓介が言う。仕事の都合を考えると気がめいるが、できる限りの努力をしてみようと思っていた。

「まあ、たまたま先週と今週は、彼がんばってますけど、仕事が夜遅くまでになることも珍しくないですから。三日坊主にならないことを祈ってるところです」美智子が笑いながら言う。本当に嬉しそうだ。

「私たちも毎週必ず二回来られるわけじゃないんですけど、できるだけ都合をつけるようにしてるんです。私は忙しくて、彼だけが来ることもありますし。大西さんが仕事で都合が悪いときでも、うちの人がいるかもしれませんから、奥さんだけでもいらっしゃればいいですよ」彩が申し出る。

「ありがとうございます。そうします。彼の予定はあてになりませんから」美智子は啓介を見て、ため息交じりに言う。それでも顔には笑みが浮かんでいる。

「まあ、そんなにいじめないでくれよ」啓介はきまりが悪そうに右手を上げて、髪を前から後ろへとすく。

教室の中に流れていた弾むようなジャイブの曲の音量がわずかに上がる。もうすぐ教室が始まるというサインだ。

「じゃあとにかく、これからしばらく一緒にがんばりましょうね」彩はそう言って俊彦の手をとると、啓介と美智子から離れ、空いたスペースを探してフロアーの中央に向かう。

啓介と美智子は初心者組なので、インストラクターから基本的なステップを教わるために、教室の端へ寄る。初心者カップルが他にもう一組いるようだ。

「ジャイブって、本当に楽しいわね」彩が曲の節目に言う。

「そうだな。いつ踊っても快活でいいな」弾む息を整えながら、俊彦が答える。

「ねえ、見て」彩の視線を追って、俊彦は教室の隅に目をやる。

教室の一角では、別のカップルと一緒に啓介と美智子がジャイブのステップを習っている。

「こう言ったら失礼かもしれないけど、大西さんってかわいいわねえ」彩は思わず微笑んでしまう。

スラッとしてクールに見える啓介が、ぎこちない足取りでステップを踏んでいる。そのアンバランスさが何とも言えずかわいい。

「奥さんのほうが上手だな」俊彦が言う。

「ええ、そうね。でも、奥さん、本当に嬉しそうに踊ってるじゃない。大西さんががんばってるとこ、買ってるんじゃない?」彩は自分のことのように嬉しくなってくる。

俊彦も最初はあんな風だったように思う。

「そうだな」俊彦も顔が自然にほころんでくる。

新しい曲が始まって、二人は体を揺らしながら軽やかに足を前後左右に振り、すばやくポジションを移動させる。彩と俊彦以外にも軽快に動いて踊る他の何組ものカップルの姿が教室の正面全面に張られた鏡に映り、教室中が音楽に合わせて飛び跳ねている。鏡によって教室の奥行きが倍になった分、早いテンポで踊る生徒の熱気が何倍にも膨れ上がっている。

ジャイブを十五分ほど踊ると、曲はルンバにかわった。

ルンバもジャイブもラテンミュージック。常につま先から出ていくテンポの速いダンスだ。ジャイブに比べると、ルンバの動きはややスロー。ただその分動きが大きく、足や腕の筋肉をストレッチした状態で体を支えることになる。すべての動きは内側から外側に向かってエネルギーを放つようになり、またもや体力が必要になる。彩と俊彦は呼吸を整える。

俊彦は左手を横に広げ、右の手のひらを上にして彩に差しだす。向かい合った彩は、俊彦の手のひらに右手を軽くのせ、左手を横に広げる。音楽に合わせて俊彦の右足つま先が、前へ滑るように大きく踏み出る。つないだ右手を通して彼の動きを感じる彩は、彼に合わせてゆっくりと右足つま先を後方に滑らす。動きに従ってスムーズに体重が前から後ろへと移動していく。

ルンバは愛の踊りだ。二人が見つめ合い、女性はつないだ手のひらを通して伝わってくる男性の動きに体を合わせて優雅に舞う。一本一本の指の先までエネルギーを込めて、ダイナミックに踊る。二人の気持ちが安定していないと、相手の気持ちを受けとれないし、相手に合わせることができない。難しいダンスだ。

フロア中のカップルが情熱的な音楽にのって泳ぐように踊る。鏡の中に広がる世界も優雅に舞っている。

教室の隅でも、初心者組がインストラクターからルンバのステップを習い始める。つないだ手を通して二人の意思を伝え合うダンス。啓介と美智子も手をつないで、前後左右に動きながらステップを踏む。タイミングがうまくいかなくて、お互いに笑い合ったりしている。うまく踊れるようになるまでには、まだまだ時間がかかりそうだ。

「社交ダンスって難しいですね。ステップさえ覚えればいいのかと思っていましたが、体がなかなか思うように動かないもんです。相手に意思を伝えるのも難しいし」啓介が言う。

一時間半ほど続いたレッスンが終わって、啓介と美智子は俊彦と彩がいるフロアの中央にやって来ていた。

「社交ダンスで男性のパートは女性のパートより難しいですよ。男性は一緒に踊る女性をリードしなければなりませんからね。実は彩の方が、僕より先に社交ダンスを始めたんですが、下手くそな僕のダンスに、きっと最初はいらいらしていたと思いますよ」立て続けにダンスを踊って乱れた息を整えながら、俊彦は啓介に説明する。

「そうそう。下手くそだったわよねえ。パートナーを代えようか思ったぐらいですから」彩は冗談のように笑って言う。彩もまだ肩で息をしている。

「フフフ。お二人はダンス歴がもう長いんですか?」仲の良い二人に美智子が尋ねる。

「二年とちょっとです。ダンスは、まだまだですけどね」彩がフーと大きく息を吐いて答える。

「二年ですか。そのぐらいすると、あんな風に上手になるんですね」美智子は教室が終わってフロアからバラバラと散っていくカップルを横目に見ながら、羨ましそうにため息をもらす。

「社交ダンスって、なかなかいい運動になるんですね。川上さんたちみたいには踊れませんが、僕たちみたいな初心者でも、いい運動になったと思います。運動不足のせいもあるんでしょうが」啓介はシャツの下にうっすらと汗が滲んでいるのを感じる。

「私なんか、最初のレッスンを受けた次の日、ふくらはぎの筋肉が痛くなってしまって。子供を生んでから、本当に運動不足になってるんだって実感したところです」美智子は体を傾けて足首のあたりを手で揉む。明日の痛みが多少減ることを願っている。

「ええ、社交ダンスっていい運動ですよ。大西さんたちも、いろいろなダンスを習って慣れてくると動きが大きくなりますから、もっといい運動になりますよ」俊彦のシャツは汗ばんで胸に張りついている。

俊彦と彩は最近では随分と上達して、社交ダンスがよいエクササイズになっていると感じていた。気分も爽快になる。毎回ダンス教室が終わると、体中の汗が噴き出して、家に帰ってシャワーを浴びるのが待遠しいぐらいだった。

「ところで、お子さんは今どうしていらっしゃるんですか?」彩は二人の子供のことを思い出す。二人がダンス教室にいては、誰が子供の面倒を見ているのだろう。

「幸い、うちの実家がこの近くにあるもんで、週に二回、二時間半ほど子供を預かってくれるようにって交渉したんです。毎回、教室の前に美智子が連れて行って、これから迎えに行くところなんですよ」啓介は額に滲んだ汗を手の甲で軽くぬぐう。レッスンは終わったが、先ほどまでの熱気はまだ教室に残っている。

「じゃあ、まっすぐお帰りですか。せっかくだから、これから一杯冷たいビールでもどうかな、なんて思ってたところなんですが」俊彦は誘いを入れてみる。

「お誘い、ありがとうございます。是非とも、と言いたいところですが、今日はうちの親に九時ごろまでに迎えに行くと言ってありますから。また次回ということにさせてください」啓介は了解を得るように美智子の顔を見てから、俊彦のほうを向き直って丁寧に断る。

「そうですか。じゃあ、またってことで」無理に誘っても仕方がないので、俊彦は諦める。

「じゃあ、木曜日にここで」彩は帰りを急ぐ啓介と美智子に別れを告げる。

「汗かいちゃったわね」彩は、着替えてロッカールームから出てきた俊彦に言った。

「ああ、ビールをぐっと飲みたいところだけど、シャワーが先かな」まだ熱気のある教室を出て、俊彦と彩は足早にビルの外に向かう。

「今の時期にしては、今夜の気温って高いんじゃない。シャワーもいいけど、私もビールが飲みたいわ」ビルの外に出て外気温を肌に感じながら、彩は俊彦に言う。

「やっぱり、ビールかなあ。僕、汗臭くないよな」俊彦は右左交互に腕を上げ、脇のあたりの匂いを嗅いでみる。

ジャイブ、ルンバ、ワルツ、タンゴをひとしきり踊ったあと、それぞれのレベルに合わせてインストラクターが新しいダンスのステップを教える。初心者組を除いては、それが最近のダンス教室での流れだ。今日、俊彦と彩はパソ・ドブレとベニーズ・ワルツのステップを習った。パソ・ドブレはスナップをきかせて勢いよく踊る、闘牛士をイメージさせるダンスだ。ベニーズ・ワルツは、通常のワルツをぐるぐると二人が回りながら踊り、さらに舞台上を円を描くように踊る。どちらも一曲踊ると息が切れる。どちらかというと汗かきの俊彦は、体中にべっとり汗をかいていた。シャツもチノパンツも脱いで汗を拭いて、職場のスーツに着替えていたが、汗が気になった。

「どれどれ」彩は俊彦の胸から脇のあたりに鼻を近づけて、匂いを嗅ぐ。

ときおりビルの谷間を心地よく風が吹き抜ける。

「そんなに気にしなくてもいいみたい。汗臭くなんかないわよ」鼻を離して彩は俊彦の顔を見上げる。

「本当か？　自分がビール飲みたいからって、そう言ってるんじゃないだろうな」俊彦は疑い深そうに顔を斜めにして視線を彩に送る。

「あら、そんなことないわよ。俊彦、自分でも嗅いでみたでしょう。汗の匂いなんてしなかったでしょう？」

「まあなあ」考え過ぎかもしれない。俊彦は空を見上げる。空気が澄んでいるのかもしれない。星がいくつか見える。

「そうよ。それに大西さんたちと飲むつもりだったんでしょ。どこかで一杯だけ飲んでいきましょうよ。お腹もちょっと空いちゃったし。いい運動をした後には、ご褒美をあげなくちゃ。ネッ！」彩は着替えの入った紙バッグを腕にかけたまま、俊彦の左腕に両手で抱きつく。甘えるときの彼女の仕草だ。

「おい、おい。くっつくなよ。まだ、涼しい外の風を満喫してるところなんだから」俊彦は彩の腕をほどこうとあがく。

「どっかで飲んでいく？」彩は俊彦の腕をさらに強く抱いて離さない。

「わかった、わかった。飲んでいくから、離してくれ」彩の脅迫はいつだって効果的だ。

「やったァー」彼の返事を聞くと、彩は自分も暑いのでさっさと腕を離す。

「まったく彩は」俊彦は笑いながら、彩を軽くプッシュする。

押されてよろけた彩は、笑いながら前に数歩早足で歩み出て俊彦を振り返る。

「いつものとこに行く?」彩は言う。彼女は実際の年よりも幼く見えることがあるが、このときもそうだった。

俊彦と彩は二人の住むマンションから二駅離れたところにある焼き鳥屋に寄った。二人のいつもの場所だ。冷えたビールは心地よく二人の喉の奥に流れ、焼き鳥の盛り合わせはアッという間に彩の胃袋に消えた。

二人は大西夫妻のことや新しく習ったパソ・ドブレとベニーズ・ワルツのステップについて話しながら、新しいジョッキをオーダーする。

二人の時間をできるだけつくろう

結婚する前の、恋愛をしているときの気持ちを思い出してみて。週末が近づくと、次のデートの約束ができないかと心が浮き立った。デートから帰ってきて数日もしないうちに、次のデートの誘いがないかと電話とにらめっこ。それは彼や彼女が大好きだから、二人でいたいという自然な気持ち。

結婚してからだって、同じであっていいはず。恋愛時期のようにデートの日、その日の終わりといったピリオドを打つ時間制限がないから、何か間延びしたように感じるかもしれないけれど、結婚してからだって一緒にいたいという気持ちは同じようにあるはず。家でも、外でも、どこでも夫や妻と二人でいる時間をつくり出すようにしよう。

あなたの現在の生活を振り返ってみて。夫や妻とどんな時間を一緒に過ごしていますか。朝食のとき、夕食のとき、夜遅くテレビを観るとき、週末買い物に行くとき、ちょっとした遠出をするとき……そんなとき、二人はどんな風に時間を共有していますか？

食事をとる、テレビを観る、買い物に行く、そういった行動をたまたま二人の人間が同時に行うだけだったら、他人同士でもいい。ある一つの行動をせっかく夫婦で同時にやるのだから、二人の間に心の関わりをもってほしい。ただ同じテーブルについて、会話も稀に食事をとったり、必要最低限の情報交換をしながら買い物をすませてしまうとか、ただ単に同じテレビ画面を黙って観ているだけとか。そうではなくて、二人の心を触れ合わせて、同じ時間を共有して！ 夫婦なんだから。

テレビを観る。好きなチャンネルを争ってリモートコントローラを奪い合ったっていい。テレビを観るのに一番快適な場所をとりあったっていい。最終的に落ち着いたら、並んで座り、お互いに寄りかかってテレビに見入るぐらいであってほしい。そして、番組についてよいとか悪いとか、面白いとかそうでないとか、話をしよう。

買い物に行く。片方が相手を無理やり引っぱり出すから、引っぱり出された方の気持ちが受身になってしまう。餌をぶら下げてもいい。本当の必要性を話して説得してもいい。とにかく、二人が気持ちをポジティブにして買い物ができるようにしよう。そうすれば、必要なものを選ぶのでも、素直に意見の交換ができる。

食事をとる。朝であろうと、昼であろうと、夜であろうと、食事の時間は楽しく過ごしたい。栄養学的な見地からいえば、食事は、人間の生命維持に不可欠な栄養素を体内に取り込むこと。でも、ただそれだけの理由なら、宇宙食のようにパッケージされた食べ物をとればすむことだ。でもそれでは食欲もわかないし、楽しくもない。きれいに盛りつけがされ、香ばしい香りが立ち上る料理を見て、口の中に唾が湧いてきて、お腹がグルルと鳴る。楽しい話をしながら食べれば、単なる食事というより、むしろ社会的なイベントにだってなる。二人で食事をとるって、情報交換しながら会話を弾ませて、心を開いて触れ合う機会をつくってくれる。

何の機会をつかってもいい。二人でいる時間をつくって、その時間をじっくりと楽しもう。

彩と俊彦の場合14

中央の水が高く吹き上がり、それを囲んで水が何本も低めに吹き上がる噴水の周りで、小鳥たちがせわしなく歩きまわっている。鮮やかな緑の芝生が一面を囲む。間をぬって伸びる小道沿いには背の高い木々が並び、所々に置かれたベンチには老人から若いカップル、子供まで、幅広い年齢の男女がのんびりと腰掛けている。青い空と目の前に広がる風景に境界線はない。

今日は朝から天気もよく、季節は春から夏に入ったというのに気温はそう上がらず過ごしやすかったから、俊彦と彩は朝食をとったあと散歩に出かけることにした。のんびりした週末だ。日比谷駅まで電車で行ってもよかったが、せっかくの散歩日和なので、半蔵門で降りて、皇居に沿って日比谷公園まで歩こうということになった。

「日比谷公園に来たのって、久しぶりね」青い空を見上げて、まぶしそうに目を細めた彩は、隣を歩く俊彦に言う。

「そうだな。去年の春以来だ。確か去年来たときには、スミレや桜が満開だったんじゃなかったっけ」あたりの風景を見回しながら俊彦が答える。

「そんなに前だったっけ」彩は目の前の木々から遠くに見えるピンクや臙脂色の花々にゆっくりと目を移し、日比谷公園の春の風景を思い出しながら、あっという間に過ぎていく時間の経過を懐かしむ。

「やだなあ。そんな年寄りみたいな言い方よせよ」俊彦は足を止めて、横を歩く彩を見る。

「あら、そうねえ。ごめん、ごめん。でも、去年からずっと来てないのね。咲いてる花が全部変わっちゃって」遠くに広がる背の低い花々の色は、去年の春には見なかったものだ。彩は遠くを見渡す。

「あッ。あれ見てみろよ」俊彦は二人が歩いている小道の五十メートルばかり先を指差した。

　小さな子供が二人の方に向かって歩いてきた。二歳ぐらいだろうか、女の子で、着ている赤い半そでのつなぎ服が少し大きすぎるのか、歩き難そうに右左の足をパタパタさせて不安定に歩いてくる。袖から出たふっくらとした腕は、両側にバランスよく広げられて、左右の足が交互に前へと出るたびに、それぞれ半円を描くようにして前後に動き、不安定な足取りをかろうじて転ばないように支えている。その後ろを両親らしき男女が、子供のものと思える空のストローラーを押しながら歩いてくる。

「かわいいわねえ。赤いつなぎなんか着ちゃって。おもちゃみたい」彩はその子供の動きから目が離せなくなる。

「本当におもちゃみたいだな。あの歩き方見てみろよ。今にも転びそうだ。大丈夫かな」

俊彦が心配そうに言った途端、左足を地面にとられた子供は顔から前に転び、勢いよく泣き出した。彩と俊彦があっけにとられていると、後ろを歩いていた両親が駆け寄って、母親が子供を抱き上げる。しばらく大声で泣いていた子供は、数分もすると母親の胸の中でケロリと機嫌を直す。母親が地面に下ろすと、子供はまるで何もなかったかのように両手を広げてパタパタと足早に歩きはじめる。

「ねえ。私たち結婚してもう二年よね。そろそろ子供欲しくない?」彩は顔を俊彦に向けて、小さな質問よとばかりに首をかしげて尋ねる。二人はゆっくりと小道を進む。

「う〜ん。まだ、二人でいたいな……。いいかなあ」俊彦は少しばかり間をおいて、視線を彩の目から地面へと落としながら、ゆっくりと答える。

「そう。俊彦がそう思うんだったら、いいわよ。もう少し待つわ」彩は向こうから歩いてくる子供に再び目を向ける。子供との距離が少しずつ縮んでいく。

「今の僕には、二人での生活がとっても楽しいんだ。もう少し二人でいようよ。遅すぎるっていうわけでもないいんだから」俊彦も子供に目を向ける。

「そうね。まだ先は長いんですものね。私も俊彦と二人でいて楽しいわ。同感よ。毎日、仕事をしてても、家に帰って俊彦の顔を見るのが待遠しいぐらいなのよ」彩は照れたようにうつむいて笑う。

「光栄だね。そんな風に思ってもらって」俊彦はそう言うと、隣を歩く彩の肩に右腕をまわして体を引き寄せる。しばらく二人は肩を寄せ合って、木々を抜けて歩く。

赤いつなぎ服の子供が両親とともに、彩と俊彦の横を通り過ぎていく。

夏の香りをのせて、心地よい風が流れていく。

月に一度や二度はロマンティックなレストランやバーへ行こう

二人でロマンティックなレストランやバーへ行こう。それが堅苦しければ、居酒屋や焼き鳥屋、露店のおでん屋なんてどうだろう。新婚三ヶ月の二十代のカップルだって、結婚して長い五十代、七十代になってからだって、二人っきりで出かけよう。高級レストランやバーでなくたって、二人の財布が許す範囲で行ける場所でいい。二人が落ち着いて気持ちよく時間を過ごせる場所を選ぼう。そんな場所を探すこと自体、楽しくなってしまう。

誕生日や結婚記念日といった日に二人でお出かけをするのは、本当に〝特別なイベント〟で、生活の重要な節目にもなる。でも、天の川を渡る織姫と彦星の話じゃあるまいし、一年に一回だけではちょっと寂しすぎる。それはそれで大事なイベントとしてとっておいて、その上に、月に一回でもいいから二人でお出かけする機会もつくろう。仕事が終わってから、どこかのバーで待ち合わせる。まず一杯か二杯、アペリティフのつもりで喉を潤す。それからレストランに出かける。恋愛中、いつもデートでやっていたことだ。結婚すると、何故かそんなことをしなくなってしまうのは、どうしてだろう。結婚してからだって、デートしよう。一緒に住む家から出かけ、同じ家に帰ってくるのだから、恋愛中とは少しばかり気分が違うけれど、デートという意味では同じこと。たまたま夫や妻となった人とデートをするというだけのことだ。恋愛中抱いていた気持ちを大切に、ドキドキしながら出かけよう。

学生のころ、たまたま出かけたレストランに、すでに六十歳は過ぎていると思われるカップル（夫婦だろう）がいた。そのレストランは倉敷市でもお洒落な美観地区にあった。小さなテーブルを挟んで向かい合うカップルは若者がほとんどで、この年齢のいったカップルは目立った。テーブルの上のキャンドルが、向かい合う二人の顔を半分だけ照らして揺れていた。何を話しているのかは、テーブルが離れていたので聞こえなかったが、時折女性が動かす手の仕草や、男性が体をテーブルに近づける動きが柔らかく、笑みをたたえて話をしている二人の印象は強かった。確かクリスマスイブだったと記憶している。このカップルって、何てお洒落なのだ！　そう思ったから、いまだにおぼえている。

昔、食器洗い洗剤のテレビコマーシャルで、若い夫婦と結構年をとった夫婦が、それぞれ手をつないで、音楽にあわせてステップを踏むというものがあった。おぼえている人がいるだろうか。コマーシャルから伝わってくるイメージは柔らかい手。その洗剤は手にやさしいということか。二人で手を握って楽しそうにステップを踏んでいるカップルは、本当にほほえましかった。特に年をとったカップル（あえて言えば、この二人のステップはぎこちなかった。でもそこがまた余計に愛らしかった）が発していた不思議なエネルギーと、クリスマスイブにレストランで食事をしていたカップルの雰囲気は、とてもよく似ていた。とにかくステキなのだ。

年齢なんて関係ないし、今までずっと、そんなことしてこなかったという夫婦だって、これから始めればいい。あらためて夫や妻にデートを申し込んでみてはどうだろう。いつまでも、二人でデートをしよう。

彩と俊彦の場合15

「これ美味しい。食べてみてよ」彩は焼きたてのペッパーを口に入れ、向かいに座っている俊彦に言う。

それはアナハイムのようなペッパーで、オイルと塩だけで味つけされ、グリルで焼いてあるようだった。皮が捲れてはがれ、グリルの網のあとが黒くついている。

俊彦と彩はスペイン料理のタパスバーに来ていた。彩は、スペイン料理のファンだった。魚や肉、野菜の料理が小皿に盛ってあるタパスバーでは、たくさんの種類の料理を一度にオーダーして楽しむことができる。それに彩はスペイン料理の味が大好きだった。

特にこのタパスバーは二人のお気に入りの場所で、二、三ヶ月に一回は必ず訪れることにしている。店内はさほど広くなく、トイレや非常口などの表示はすべてスペイン語で書かれている。オレンジと赤を基調とする壁には、サングリアなどを入れる土製のピッチャーが何個も、一列に並んで掛けてある。働いているウエイターも、浅黒い肌をもつラテン系の顔がそろっていて、スペイン語なまりの日本語で声をかけてくれる。バックで流れる音楽も、もちろんラテンミュージック。ここに来れば、落ち込んだ日でも元気が出てしまいそうなレストランだった。

「うん。香ばしい香りがして、なかなか美味しいね」俊彦も一口ペッパーをかじる。

「これまでメニューになかった一品よねえ」通常のメニューに、その週や日によって何品かのお薦めが加えられる。彩と俊彦は常連だったから、通常のメニューからオーダーするものは毎回決まっていたが、このお薦めには必ず目を通して、新しくトライするものを選ぶことにしていた。

「ああ、単純な料理に見えるけど、味がいい。サングリアによく合うしね」俊彦は浮かんだオレンジとりんごのスライスが透けて見えるガラスのピッチャーから、半分ほどに減った彩のグラスにサングリアを注ぐ。

「アッ、ありがとう」彩は自分のグラスを俊彦の方に少しだけ傾けて、重いピッチャーを持ち上げる俊彦が注ぎやすいようにする。それから、今度は彼女が俊彦のグラスにサングリアを注ぎ返す。

　夏ということもあってその日、外気温はかなり上がっていた。冷えたサングリアは美味しく喉に流れ、二人の食欲を増進させるのに最適だった。

　ラテン音楽はギラつく太陽を思い出させるように、軽快に明るくタパスバーに流れていた。音は大き過ぎるのでもなく、小さ過ぎるのでもなく、各テーブルについたカップルやグループの話が隣に聞こえない程度に、ちょうどいいボリュームで流れていた。

「これはどうかしら」彩は小さめのマッシュルームのガーリックソース煮にフォークを運ぶ。これはお決まりのオーダー品だ。

「うん。やっぱり美味しい」

「いつも食べてるやつなんだから、味がかわるわけないじゃないか」俊彦は何を言ってるんだとばかりに、彩の顔を覗き込んで、わずかに首をすくめる。

「まあね。でも言ってみたかったの」彩はじゃれるように言う。

「じゃあ、僕はこれを」俊彦はこれまたお決まりのオーダー品、赤ピーマンのグリル焼きに手を出す。

「美味しい？」彩は顔をテーブルに突き出すようにして聞く。

「エッ。何だこれ？」俊彦は顔をしかめてみせる。

「何が変なのよ。味が変なの？」彩は短冊のように裂いてある赤ピーマンを二切れフォークですくい、浸してあるオリーブオイルがテーブルに落ちないよう、左手を添えて口元に運んだ。

「どこが変なのよ。俊彦の舌って大丈夫？　いつもの味で美味しいじゃない」彩はピーマンをゆっくりと咀嚼しながら味を確認して、間違いないわよとばかりに言う。

「ははは、ちょっと言ってみただけさ」俊彦は椅子に深く腰掛けなおして、間をおいて笑う。

「もう、俊彦ったら」彩は鼻から息を出して、呆れたように言う。

「彩、僕たちの最初のデートのこと覚えてるか？」

俊彦は彩の肩越しに、その奥にある壁に焦点を合わせて、ふと漏らした。

「えっ、何よ。また突然」彩はそう言いながら、サングリアのグラスに手を伸ばす。

「もちろん、覚えてるわよ。最初のデートでこの店に来たのよね」彩はサングリアのグラスから、薄切りにされたオレンジを一切れ取り出そうとする。グラスの中ほどに浮かんでいるオレンジを指でつまみ上げるのは、なかなか難しい。

「そうさ。どこに行きたいって聞いたら、彩がこの店に来てみたいって言ったんだ」

「そうね。どうやって見つけたんだっけ。え～と……、確か、うちの職場の連中とこの近くの居酒屋に行ったとき、たまたまここの店の看板を見たのよ。そうよ、それで何となく覚えてて、ここに来てみようって言ったんだ」彩はグラスの内側を滑らせてやっとひっぱり上げたオレンジを、指でつまんで口の中に入れる。オレンジはワインをたっぷりと含んでいた。

「彩はスペイン料理に目がないからな」俊彦は彩がグラスと戯れるのを、優しい目でそっと眺めている。

「ふふふ。でもね、本当はここに来るまでドキドキだったのよ。だって来たこともないレストランに誘ったんですもん。もし、店の雰囲気が悪いとかタパスの味が悪いとかしたら、台無しになっちゃうでしょ。初めてのデートなんだもん、ちょっとした賭けだったのよ。本当のところ、当日までハラハラだったのよ。まあ、ご存知のとおり、このタパスバーは味がよくて雰囲気もよくて、最初のデートは見事に成功したんだけどね」彩はサングリアを一気に飲み干して、もう少し注いでよとばかりに俊彦にグラスを差し出す。

「そうだな。でも、考えてみろよ。もし、ここが変なレストランで、味もサービスもどうしようもない店だったら、どうしてたと思う？　僕たち今こうしてると思うか？」

俊彦は彩のグラスにサングリアを注ぐ。サングリアは四分の一ほどに減って、ピッチャーの中でたくさんのオレンジやりんごのスライスで込みあっている。

「う〜ん、それはいい質問ねえ。どうしてたかしら」彩は肘をついて、顔の前で両手を組み合わせて考えてみる。オレンジジュースで割ってあるとはいえ、ピッチャーでオーダーしたサングリアをジュースのように喉に流し込んでいると、ゆっくりだが、体の中から酔いが広がっていくのがわかる。彩は人差し指が気持ちよくしびれているのを感じる。いざとなれば俊彦にすがって帰ればいい、そう心の中で思う。

「俊彦はどう思う?」彩は組んだ手に顎を載せ、頭を右にかしげて、彼の顔をのぞき込むようにして聞いてみる。

「う〜ん、そうだなあ」俊彦はサングリアの入ったグラスについた露を指で上下に撫でている。しばらくそうしてから、

「何か、そんなこと考えられないよ。どうしてもイメージができないんだ」と答えた。俊彦がグラスを指でいじっている間、彩も酔いが回ってきた頭であれこれと考えていた。でも、結局答えがみつからなかった。

「私も」

「そうなるようになってたんだ」俊彦はグラスについた露を撫でるのをやめて、答えを見つけたかのように顔をゆっくりと上げる。

「そうよね。だから、この店がひどかったらって考えられないのよ」彩もテーブルから視線を上げる。

「一緒になってよかった」俊彦は微笑みながら、「愛してるよ。彩」と言葉を足す。

「私もよ」と彩。

賑やかに流れるラテン音楽は、二人の言葉とテーブルを包む。

俊彦はグラスを持ち上げて、彩の方に差し出す。彩もグラスを胸の高さまで持ち上げ、俊彦のグラスに傾ける。

「乾杯」カチンとグラスが重なり合う音がする。

あとがき

こんな夫婦にならなくちゃ

三件に一件が離婚に終わるアメリカの結婚(現在の離婚率はもっと高い)。日本にいてその数字を聞いたときには、驚くとともに、アメリカでの結婚の意味の軽さと不安定さを強く感じた。

ところがアメリカ人の夫婦を実際に数多く見てみると、離婚していない夫婦はいつまでも仲がいいことに気づかされる。七十歳になったって、ずっと仲がいい。「離婚率の高さ＝不安定な結婚」と結びつけるのは、日本の文化を背負って、アメリカの高い離婚率を解釈しようとするからではないだろうか。

本気かどうかは別にして、結婚していながら軽い気持ちで職場の誰かや友人とどうにかなってしまうとか、一夜限りの出来事とわかっていながら、たまたま出会った人とどうにかなってしまうとか、外国旅行先で女性を買うとか男性を買うとか……。日本では、そんな状況を自分の身の回りやテレビでいつも見聞きしているから、外国人も同じような生活を送っているだろうと想像してしまう。そして、外国人は気に入った新しい相手を見つけると、夫婦という形にこだわらず、すぐに離婚に踏み切るなんて考えてしまう。

それって違う。外国人は結婚している間、精一杯夫や妻を愛して、楽しく仲良くやっている。それができなくなったときに離婚という形を選ぶだけのことだ。日本のように、生活や次の相手探しに悪影響を与えないから、思いきって離婚に踏み切ることができる。それに愛していない二人が一緒に生活すること自体、意味がないと思っている。お互いを愛していない生活なんて、楽しくないのだから。

日本では、夫婦の間で何か問題があっても、片方が我慢して目をつむってしまう傾向がある。完全に目をつむって忘れてしまえるならいいけれど、片方の目だけをつむって悪い思い出をだらだらと引きずっていくから、ちっとも楽しくない、ただの共同生活をすることになる。そして、お互いが被害者になって暮していく。挙句のはてに、人生のほとんど終わりがやってきたときに後悔したりする。後戻りなんてできないのに。

あなたは、夫とあるいは妻といて、心の底からハッピーだと感じることがありますか。結婚して、三年経とうと、十年経とうと、五十年経とうと、そう感じることがありますか。惰性で単に共同生活をしているだけではありませんか。夫と過ごす週末が待ち遠しい、妻に会うのが待ち遠しい、そう思うことが、今、毎日のあなたの生活の中でありますか。楽しいこと、嬉しいこと、寂しいこと、苦しいこと、辛いこと、どうにもならないこと、いろいろなことがある。でも、あなたの夫や妻から目をそむけないで。結婚をする前だってしてからだって、あなたの夫や妻にちゃんと目を向けて。どんな理由であれ、どんな状況であれ、お互いに結婚を決意した二人なのだから。長い人生を乗り越えて、毎日精一杯愛して、二人でハッピーに暮していこう。今が大事なのだ。今愛するその人を、ずっと愛していくために、そして、愛するその人からずっと愛されていくために努力をしていこう。

著者プロフィール

南 瑶子（みなみ ようこ）

島根県生まれ。
1989年に渡英。
その後、現在の夫に出会って94年に渡米。
アメリカ在住。

こんな夫婦にならなくちゃ

2003年12月15日 初版第1刷発行

著 者 南 瑶子
発行者 瓜谷 綱延
発行所 株式会社文芸社
〒160-0022 東京都新宿区新宿1－10－1
電話 03-5369-3060（編集）
03-5369-2299（販売）

印刷所 株式会社ユニックス

ISBN4-8355-6710-2 C0095